ESSAY
DE
LOGIQUE

CONTENANT

LES PRINCIPES des ſciences, & la maniere de s'en ſervir pour faire de bons raiſonnemens.

(par le Sr Mariotte)

A PARIS,
Chez ESTIENNE MICHALLET, rue S. Jacques, à l'Image S. Paul, proche la Fontaine S. Severin.

M. DC. LXXVIII.
Avec Privilege du Roy.

PREFACE.

L y a sujet de s'étonner de ce que les plus fameux Philosophes tant anciens que modernes, ont tenu des opinions si differentes dans les points les plus importans de la Philosophie : & il est difficile de bien juger quelles ont esté les veritables causes de cette diversité de sentimens ; car on ne peut pas dire que leurs yeux & leurs autres sens ayent receu en des manieres differentes les impressions des objets. Ils se servoient des mesmes regles à l'égard du raisonnement, & ils faisoient également profession de rechercher & d'enseigner la verité ; & cependant ils ont soûtenu plusieurs choses entierement opposées, & n'ont jamais pû mettre fin à leurs contestations.

Aristote & Descartes veulent qu'il n'y ait dans le monde aucun espace quelque petit qu'il puisse estre, qui ne soit remply de quelque matiere. Epicure & Gassendi soûtiennent le contraire, & disent qu'il est impossible qu'il se fasse aucun mouvement dans la nature, s'il n'y a quelques petits intervalles vuides entre les corps, & entre les petites particules qui les composent. Aristote & Ptolomée ont placé la terre en un parfait repos dans le centre du monde: Copernic & les Pythagoriciens avant luy, l'ont mise au rang des Estoiles errantes. Les Stoïciens ont crû que la vertu estoit l'unique bien des hommes: Epicure & ses Sectateurs n'ont point reconnu d'autre bien que la volupté: Il y a mesme eu des sectes entieres qui ont rejetté toutes les sciences, & qui ont soûtenu que toutes les apparences que nous avons des choses, n'estoient que des illusions continuelles, & qu'il estoit impossible de rien découvrir de certain, ny par nos sens, ny par nostre raisonnement.

Aprés avoir fait plusieurs reflexions sur ces contrarietés, & sur beaucoup d'autres qui ont esté entre les Philosophes, j'en ay remarqué trois causes principales.

La premiere; que leur Logique estoit defectueuse, particulierement à l'égard des definitions, & de la methode qu'il faut suivre pour bien établir une hypothese.

La seconde, que dans les sciences naturelles ils s'attachoient trop aux raisonnemens, & trop peu aux experiences.

La troisiéme, que la plûpart de ces Philosophes ont esté de mauvaise foy; & que sans se mettre beaucoup en peine de découvrir la verité, ils n'ont eu pour but, que d'accommoder leur Philosophie à leur profit, ou à leur gloire; les uns se faisant chefs de party, & les autres dont le genie estoit moins ambitieux, se contentant de choisir quelque secte par caprice, & de la soûtenir aveuglément en tous ses points; en cela semblables à de certains animaux qui suivent par tout ceux de leur espece, qui marchent devant eux, mesme quand ils les conduiroient dans des precipices.

Ces mesmes desordres durent encore aujourd'huy parmy ceux qui s'appliquent aux sciences; car on auroit peine à faire voir qu'aucun d'eux ait quitté quelqu'une des opinions de son party, aprés qu'on luy en a fait voir la fausseté; ny qu'il ait consideré qu'encore que celuy qu'il a pris pour guide, ait mieux rencontré que les autres en quelques connoissances particulieres, il estoit tres-difficile qu'il ne fust aussi tombé en quelques erreurs.

Ce mal seroit peu important, s'il ne s'agissoit que d'une vaine curiosité, puis qu'on a souvent autant de divertissement à lire des Fables & des Romans, qu'à lire des Histoires veritables : mais il arrive ordinairement que nos malheurs procedent des erreurs dont nous nous laissons prevenir. Combien de fois a-t-on vû des Curieux trompez par les impostures des Astrologues & des Chimistes : La plûpart des Medecins prevenus d'une mauvaise Physique, en tirent plusieurs consequences pernicieuses à nostre santé & à nostre vie ; & les Etats les plus florissans sont souvent renversez par une fausse Politique, & par une Morale mal fondée.

C'est ce qui m'a donné sujet de rechercher si on ne pourroit pas trouver quelque voye assurée pour établir quelque certitude dans les sciences, ou du moins pour empescher les disputes, en determinant ce qu'on peut recevoir au defaut des verités incontestables.

Et enfin aprés avoir long-temps examiné cette matiere, j'ay crû qu'on ne pouvoit mieux faire que de proposer quelques verités, dont tous les hommes non prevenus demeurassent facilement d'accord, pour servir de principes & de fondemens pour les autres connoissances; & d'enseigner ensuite une methode & des regles, pour employer ces verités à découvrir d'autres verités plus cachées.

I'ay divisé pour cette raison, ce petit Traité en deux Parties.

Dans la premiere, j'avance plusieurs propositions que je croy devoir estre receuës pour veritables. Quelques-unes doivent servir de regles pour le raisonnement, & les autres de principes certains pour établir les sciences, particulierement la Physique & la Morale.

Il y a de ces propositions qui sont tres-évidentes d'elles-mesmes, comme la premiere; il y en a qui se prouvent par induction, c'est à dire par les exemples qu'on en donne, cōme, la deuxiéme, la troisiéme & la dix-huitiéme; il y en a mesme quelques-unes qui sont prouvées par un raisonnement facile, fondé sur quelques propositions precedentes, comme la douziéme.

I'ay meslé parmy ces propositions, plusieurs petits discours qui servent à expliquer la signification de quelques noms, comme le discours qui est entre la sixiéme & la septiéme, afin qu'on ne se trompe point dans le sens des propositions.

La seconde Partie a beaucoup de choses semblables à la Logique ordinaire, & c'est proprement une methode pour se bien conduire en la recherche & en la preuve de la verité. On y a mis quelques demonstrations de Geometrie & d'Arithmetique, pour servir de modeles pour les raisonnemens, & pour donner quelque connoissance de ces sciences; que si quelques uns trouvent ces demonstrations trop difficiles, ils pourront passer legerement par dessus, sans se mettre en peine de les comprendre exactement, ou quitter le dessein d'apprendre les sciences par raisonnement; puisqu'ils y trouveront beaucoup d'autres demonstrations plus obscures & plus embarassantes. On y a mis aussi quelques demonstrations de Physique assez difficiles, à dessein de faire voir combien il est malaisé de penetrer les secrets de la nature, & qu'une veritable Physique seroit beaucoup plus difficile que la Geometrie.

Or quoy que ce Traité n'ait pas toute sa perfection, j'ay crû qu'il ne seroit pas inutile de le donner au public; soit parce qu'il pourra servir de modele à ceux qui voudront entreprendre d'en faire un plus ache-

vé sur le mesme dessein, soit afin qu'en ayant moy-mesme reconnu les defauts par les difficultés que quelques-uns y pourront trouver, je puisse le rendre moins defectueux & plus utile au dessein que je me suis proposé, qui est de faire cesser autant qu'il est possible, les disputes entre les Sçavans, afin qu'ils puissent travailler de concert à l'accroissement des sciences.

Fautes survenuës en l'Impression.

PAge 46. ligne 14. lisez LXXXIX. Page 23. ligne 5. lisez *la figure & la couleur*. page 29. l. 24. lisez *inflexion* au lieu de reflexion. page 53. ligne 3. ostez *de cette proposition*. page 88. ligne 9. ostez *les*. page 107. ligne 11. lisez *les* pour ces. page 120. ligne derniere, ostez *l*. page 141. ligne 1. lisez *vitesses*. ligne 6. *de* pour du. page 135. l. 2. lisez *colomne d'air de mesme largeur*. page 188. l. derniere & 189. ligne 1. lisez *& on fermera le bout du tuyau avec le doigt*. page 193. l 26. ostez *à* & *autre*. page 203. ligne 7. & 24. lisez *de* pour des. page 208. ligne 6. lisez *dans les sensations*.

ESSAY

ESSAY DE LOGIQUE.

PREMIERE PARTIE

Contenant les premiers principes des Sciences.

DEMANDES.

I.

N demande que les mots & les façons de parler soient icy pris dans le sens qui leur est donné ; ou qu'on en mette d'autres en leur place de mesme signification.

II.

Qu'on accorde que nous sommes quelquefois disposez de telle sorte, qu'alors la plûpart des actions qu'il nous semble faire, comme parler, marcher, ouvrir les yeux, nous les faisons veritablement ; & que la plûpart des choses qu'il nous semble alors appercevoir hors de nous, sont & existent veritablement hors de nous, quelles que soient ces choses.

III.

Qu'on donne un mesme nom aux choses semblables entant qu'elles sont semblables, & des noms differens aux choses differentes entant qu'elles sont differentes, ou si les noms sont donnez autrement, qu'on n'en confonde point les significations.

PRINCIPES & PROPOSITIONS fondamentales du Raisonnement.

I.

Tout ce que nous pensons, il est vray que nous le pensons.

II.

Il y a des propositions si certaines & si evidentes d'elles-mesmes, que pourveu qu'on entende leur signification, on ne peut douter de leur verité ; & elles sont receuës pour certaines & infaillibles, sans supposer aucune autre connoissance precedente : Comme, *chaque chose est égale à elle-mesme, le tout est plus grand qu'une de ses parties; les choses égales à une autre, sont égales entr'elles; si à des choses égales on ajoûte des choses égales, les touts seront égaux; si de choses égales on retranche des choses égales, les restes seront égaux. Il est impossible qu'en mesme temps une chose soit & ne soit pas.* Ces propositions seront icy appellées principes de connoissance, ou verités premieres; & leurs contraires, comme une partie d'une chose est égale à la chose entiere, faussetés premieres.

III.

Il y a des propositions qui d'abord ne paroissent ny fausses ny vrayes, comme les trois angles d'un Triangle sont ensemble égaux à deux angles droits; mais lors qu'on fait voir qu'elles sont comprises sous des verités premieres, & tellement conjointes & liées avec elles, qu'elles ne peuvent estre fausses, que ces verités premieres ne le soient aussi, elles sont tenuës pour certaines; que si on montre qu'elles soient comprises sous des faussetés premieres, elles sont tenuës pour fausses : mais si on ne fait voir aucune de ces liaisons & connexités, elles demeurent toûjours douteuses.

IV.

La connexité & liaison d'une proposition avec quelques autres propositions, est montrée en cette sorte; *Si le Soleil luit, il est jour; le Soleil luit, donc il est jour*; ou en celle-cy, *tout animal est vivant, tout homme est animal, donc tout homme est vivant*; ou en d'autres manieres aussi claires & aussi évidentes; car en chacun de ces discours, on connoît facilement & clairement que la troisiéme proposition est tellement liée & conjointe avec les deux premieres, qu'elles ne peuvent estre tenuës pour vrayes, qu'on ne la tienne aussi pour vraye: On appellera cet assemblage de propositions par lequel on connoît la connexité de la derniere, avec les deux premieres, raisonnement, argument, ou sillogisme, & le discours par lequel on connoît la connexité d'une proposition douteuse, avec des propositions certaines & infaillibles; soit qu'il soit composé d'un argument ou de plusieurs, on l'appellera preuve ou demonſtration.

V.

Si une propoſition douteuſe eſt prouvée par une ou pluſieurs verités premieres, & qu'on faſſe voir qu'une autre propoſition douteuſe ſoit compriſe ſous celle qui eſt prouvée, cette autre propoſition ſera tenuë pour prouvée, & ainſi à l'infiny.

VI.

Les verités premieres ne doivent point eſtre prouvées par d'autres verités premieres, puis qu'elles ſont tres certaines d'elles-meſmes.

Les propoſitions prouvées qui ſervent à prouver beaucoup d'autres propoſiſitions, ſeront appellées principes ſeconds, ou propoſitions fondamentales.

VII.

Les propoſitions qui ne ſont pas des verités premieres, ne peuvent ſervir de principes pour en prouver d'autres, ſi elles ne ſont prouvées.

VIII.

On ne peut prouver une propoſition, ny faire connoître une choſe par une autre, qui soit autant ou plus inconnuë; & si on a prouvé une proposition par une autre, on ne peut pas prouver reciproquement cette derniere par la premiere.

Croire une proposition, c'est la tenir pour vraye, soit qu'elle soit vraye ou fausse.

On appellera icy science la connoissance qu'on a des verités premieres, & de ce qui est prouvé.

Mais si on croit une proposition qui n'est pas verité premiere, ny prouvée, on appellera cette creance opinion; soit que la proposition soit vraye ou fausse.

Proposition intellectuelle est une proposition qu'on peut juger vraye, ou fausse par elle-même, ou par le raisonnement, sans qu'il soit besoin de se servir des sens pour en avoir la certitude, mais seulement pour entendre sa signification: comme, *les choses égales à une autre sont égales entr'elles*; *en tout Triangle, le plus grand angle est soutenu du plus grand costé.*

Proposition sensible est celle qui ne peut estre jugée vraye ou fausse, sans l'aide des sens; comme, *il est des Estoi-*

les, le feu brûle, le plomb est plus pesant que l'argent.

IX.

Les propositions sensibles douteuses sont prouvées vrayes, quand on fait tomber sous les sens, les choses dont on est en doute ; comme si quelqu'un étant dans une chambre fermée & obscure, doutoit de cette proposition, *il est jour*, elle luy seroit prouvée, si on ouvroit les fenestres, & qu'on luy fist voir le Soleil. De mesme, si quelqu'un doutoit de cette proposition, *l'or se fond plus difficilement que le plomb*, elle luy seroit prouvée si on luy en faisoit voir l'experience. On appellera icy cette sorte de preuve ; preuve par induction, ou preuve par experience.

X.

Il ne faut point disputer contre ceux qui nient les verités premieres, parce qu'on ne peut rien prouver que par les verités premieres.

PRINCIPES & PROPOSITIONS fondamentales, pour établir les sciences des choses naturelles.

ON appellera icy effet tout changement qui arrive en une chose, ou la production d'une nouvelle chose.

XI.

Si une chose estant posée il s'ensuit un effet, & ne l'estant point, l'effet ne se fait pas, toute autre chose estant posée : ou si en l'ostant, l'effet cesse ; & ostant toute autre chose, l'effet ne cesse point : cette chose là est necessaire à cet effet, & en est cause.

XII.

Si deux choses estant posées il se fait un effet, & que l'une produise l'effet, & l'autre le reçoive ; celle qui ne souffre point de changement, est celle qui produit l'effet.

XIII.

De quelque façon que les choses qui tombent sous nos sens nous paroissent, il est vray qu'elles nous paroissent de cette sorte.

Ce qui nous paroît dans les choses,

comme la couleur, la figure, l'odeur, la pesanteur, d'où les choses sont dites rouges ou blãches, rondes ou quarrées, odoriferantes, pesantes, &c. sera icy appellé qualité, & les choses qui ont ou paroissent avoir des qualités entant qu'elles les ont, ou paroissent les avoir, seront appellées des substances, comme un arbre, une estoile, le soleil, &c.

XIV.

Les propositions sensibles par lesquelles nous asseurons qu'une substance a de certaines qualités, comme, *ce que je touche est chaud, le Soleil est lumineux, le sucre est doux*, seront receuës pour vrayes, si ces qualités ou apparences de qualités tombent sous nos sens; car par le treiziéme principe, cette substance nous paroît decette sorte; & par l'onziéme, elle produit cette apparence; d'où il suit, ou qu'elle a ces qualités, & qu'elle est telle qu'elle nous paroît, ou du moins qu'elle est telle à nostre égard, c'est à dire qu'elle est disposée à produire ou faire produire veritablement en nous ces effets, que nous appellons voir de la lumiere, sentir de la chaleur, gouster de la douceur, & ainsi des autres qualités sensibles.

XV.

Les propositions sensibles par lesquelles nous assurons qu'une chose est une telle substance, comme, *ce que je vois est une rose*, seront receuës pour vrayes par ceux qui reconnoîtront immediatement par plusieurs observatiōs dans le sens du principe precedent, toutes les qualités, causes, effets & circonstances de cette substance, qui toutes ensemble ne conviennent qu'à cette substance. On appellera ces propositions, & celles dont il est parlé dans le principe precedent, Principes de connoissance sensible, ou verités premieres sensibles ; car il n'y a rien de plus certain dans les connoissances qui dependent des sens.

On dira d'une chose, qu'elle est possible intellectuellement ; quand la proposition qui asseure qu'elle est impossible, n'est pas une verité premiere intellectuelle, ny comprise sous aucune verité premiere intellectuelle ; comme si cette proposition, *Il est impossible de tirer une ligne droite d'un point à un autre,* n'est pas une verité premiere intellectuelle, ny comprise sous une ou pluſieurs verités premieres intellectuelles; on dira qu'il eſt poſſible intellectuellement qu'une ligne droite ſoit tirée d'un point à un autre.

XVI.

Tout poſſible intellectuel ne ſe reduit pas en effet.

XVII.

Le monde eſt un poſſible intellectuel reduit en effet.

On appelle icy la nature, la diſpoſition des choſes, qui cõpoſent le monde de la ſorte qu'elles ſont diſpoſées à produire leurs mouvemens, agir, & recevoir les effets les unes des autres comme elles ſont, pendant toute la durée du monde, & dans toute ſon étenduë.

XVIII.

Meſme ou ſemblable cauſe naturelle, & ſemblablement diſpoſée, en un ſujet meſme ou ſemblable & ſemblablement diſpoſé, produit un ſemblable effet.

XIX.

Les cauſes poſées, l'effet ſe fait naturellement au ſujet diſpoſé.

Poſſible naturel eſt ce dont les cauſes ſont en la nature; ce qui arrive d'ordinaire, & qui n'eſt pas au deſſus du pouvoir de la nature, comme, il est possible naturellement qu'il pleuve, qu'il se fasse un tremblement de terre, qu'un homme marche, &c.

XX.

Tout possible intellectuel n'est pas possible naturel; mais tout possible naturel est aussi possible intellectuel.

XXI.

Tout possible naturel ne se reduit pas en effet.

Une chose sera appellée naturellement posible, quand une semblable a esté faite.

XXII.

Il y a quelque chose dans les substances sensibles naturelles, qui est comme le fondement & l'appuy de leurs qualités, & qui ne se perd point, quoy que les qualités se perdent, & qu'une substance devienne une autre, comme la terre & l'eau se convertissent en bled, le bled en pain, le pain en sang, le sang en chair, la chair en feu ou en terre, &c. Or cette chose qui reçoit succesivement les qualités du bled, du pain, du sang, &c. je l appelle la matiere des substances.

XXIII.

Les effets ne ſont pas avant leurs cauſes, & tout effet a une ou pluſieurs cauſes.

XXIV.

Il n'y a pas en meſme temps une ſubordination infinie de cauſes naturelles d'un meſme effet; mais chaque effet a une ou pluſieurs cauſes premieres, ou du moins, on ne peut aller à l'infiny dans la recherche des cauſes naturelles d'un meſme effet.

XXV.

Les cauſes ne font leurs effets que ſur ce qui eſt capable de les recevoir, & ſuivant qu'il eſt diſpoſé.

XXVI.

Il y a une ſuite de cauſes & d'effets en la nature, ſuivant laquelle les choſes naturellement poſsibles ſe reduiſent en effet, comme, le Soleil fait élever l'eau en vapeurs, les vapeurs épaiſsies & condenſées dans l'air retombent en pluye, la pluye fait croître les herbes, les herbes nourriſſent les animaux, & ainſi de ſuite.

On appellera poſsible ſelon l'ordre de la nature, ce qui doit ſe reduire en effet suivant cette suite de causes.

XXVII.

Il y a des causes naturelles qui s'empeschent les unes les autres; mais les effets se font suivant les plus fortes, comme l'eau ne monte point, parce qu'elle est plus pesante que l'air; mais estant poussée dans une pompe, elle monte. L'air échauffé se dilate; mais s'il est pressé & retenu dans quelque corps solide, il demeure au mesme état de condensation.

XXVIII.

Il y a de la difference d'estre possible selon l'ordre de la nature & la suite des causes naturelles, & d'estre possible de la simple possibilité naturelle, comme, il est possible de la simple possibilité naturelle qu'un dé bien fait qu'on laisse tomber sur une table, se tourne sur quelque que ce soit de ses faces; mais suivant la suite des causes, il y en a une determinée.

XXIX.

La plûpart des qualités naturelles ne sont autre chose que la disposition de la matiere à faire & recevoir de certains effets; ainsi une corde de Luth frappée produit le ſon par le mouvement qu'elle imprime en l'oreille, quoy qu'en la corde il n'y ait aucun ſon ; mais ſeulement un mouvement.

XXX.

La plûpart des qualités naturelles ne nous paroiſſent que ſuivant le rapport que les ſubſtances ont à nous, & à nos ſens ; & ſi nos ſens changeoient de diſpoſition, elles nous pourroient paroître d'une autre ſorte ; ainſi le vin ſemble amer en une diſpoſition, & d'agreable ſaveur en une autre ; une meſme choſe ſans changement paroît chaude à ceux qui ont froid, & froide à ceux qui ont chaud. La raiſon eſt, que tout ſentiment eſt un effet que nous recevons par le douziéme principe ; mais les effets ne ſe font que ſuivant le rapport des choſes entr'elles par le vingt-cinquiéme, & par conſequent les choſes ne nous paroiſſent que ſuivant le rapport qu'elles ont à nous & à nos ſens.

XXXI.

Le plus & le moins d'une qualité, ſoit apparente ou réelle, nous fait ſouvent donner des noms differens de qualité, quoy que ce ne soit que la mesme, comme la petitesse & la grandeur, la pesanteur & la legereté, la vitesse & la lenteur, la raison est que comme nous participons à ces qualités, elles ne nous paroissent pas telles qu'elles sont absolument & en elles-mesmes, mais seulement par comparaison ; ainsi nous appellons sans saveur, l'eau qui est moins salée que nostre langue ; & froide, celle qui est moins chaude que nôtre main, quoy que réellement l'une soit salée & l'autre chaude : de mesme, l'air est dit leger au respect de l'eau, parce que l'eau tend en bas avec plus de violence, & chasse l'air en haut : mais si on mettoit de l'air au dessus d'un corps plus leger, il pourroit descendre & paroître pesant.

Qualité essentielle d'une substance, est celle sans laquelle elle n'auroit pas le nom qu'elle a, comme, la lumiere & la chaleur sont des qualités essentielles au feu ; car une substance ne sera pas appellée feu, si elle n'a ny chaleur ny lumiere.

Qualité accidentelle est une qualité qui peut estre & n'estre pas en une subſtance, ſans changer ſon nom de ſubſtance qu'elle a pour d'autres qualités, comme, la blancheur eſt une qualité accidentelle à un homme ; car on ne l'appelle pas hõme à cauſe de la blancheur. On peut comprendre auſsi ſous le nom d'accident, ou qualité accidentelle, ou attribut, ce qui arrive à une choſe & la concerne en quelque ſorte que ce ſoit, lors qu'elle en a quelque nom ; comme, lors qu'une choſe eſt dite vieille ou nouvelle, éloignée ou proche, & qu'un homme eſt dit eſtre aſsis ou debout, eſtre vétu, nud, embarqué, armé, &c.

Qualité propre ou proprieté, eſt une qualité qui ne faiſant point donner le nom, ſe trouve en une ſubſtance particuliere, & non dans les autres ; comme les facultés de rire & de parler, ſont des qualités propres aux hommes.

XXXII.

Quelque choſe que ce ſoit, n'eſt autre choſe qu'elle meſme ;mais beaucoup de choſes ont divers noms de ſubſtance, à cauſe de diverſes qualités qui ſont en elles ; comme on dit d'un Aigle, que c'eſt une ſubſtance, un corps, un animal, un oiſeau, un aigle.

Lorsque plusieurs choses differentes & qui ont des noms differens, ont quelque chose de semblable qui leur fait donner un nom commun de substance, elles seront dites estre d'un même genre à l'égard de leur nom commun, & estre des especes de ce genre, à l'égard de leurs noms differens; comme un Aigle & un Cigne qui ont le nom commun d'oyseau, à cause de quelques choses qui leur sont communes, comme de voler, d'avoir des plumes,&c. seront dits estre du genre des oyseaux, & chacun d'eux estre une espece d'oyseau; les roses & les tulippes seront dites estre du genre des fleurs, & chacune d'elles estre une espece ou sorte de fleur.

On dira la même chose des qualités differentes qui tõbent sous un même sens, ou qui ont quelque autre chose sẽblable qui leur fait donner un nom commun; comme, la blancheur & la rougeur sont des especes de couleur, & l'aigreur & l'amertume des especes de saveur.

XXXIII.

Toutes les choses sont particulieres, & l'une n'est pas l'autre, quoy qu'elles ayent des noms communs de genre ou d'eſpece : quelques-unes ont des noms qui denotent leur individuité, c'eſt à dire leur particularité ou ſingularité comme le Soleil, la Lune, Platon, Bucephale, &c. la plûpart n'en ont point ; mais on peut les diſtinguer en diſant par exemple, ce cigne, ce cheval, cette épée, cette maiſon, &c.

XXXIV.

Une qualité eſt naturelle à une choſe, lorſque rien d'externe, n'agiſſant ſur elle, elle conſerve cette qualité, ou la reprend, lorſque ce qui la luy avoit fait perdre, eſt éloigné ou oſté : mais ſi par l'éloignement de quelque cauſe externe, quelque choſe perd une qualité, cette qualité n'eſt pas naturelle à cette choſe qui la perd.

XXXV.

Nos ſens ne diſcernent point avec exactitude les petites differences des choſes entr'elles ; comme, la veuë ne peut diſcerner ſi l'aiguille d'une montre eſt en mouvement ou non, ſi une ligne eſt exactement droite, ſi une ſurface eſt parfaitement plane & polie, &c.

Signes d'une choſe ſont ſes cauſes, ſes effets, ce qui la precede, la ſuit &

l'accompagne d'ordinaire.

XXXVI.

On ne peut pas assurer avec une certitude entiere, qu'une chose soit une telle substance, ou une telle qualité; ou qu'elle produise un tel effet, si étant supposée une autre chose possible, on pourroit avoir dans une disposition possible, de semblables signes, & apparences de l'une que de l'autre.

XXXVII.

Quoy qu'il paroisse plusieurs signes d'une chose, s'il en paroît un seul qui n'y puisse convenir; ou si un qui devroit necessairement paroître ne paroît pas, ce n'est pas cette chose; comme, encore que le salpétre ait beaucoup de signes de l'eau glacée. on jugera que ce n'en est pas, quand on verra qu'il excite de petites flammes bleûes, en le mettant sur un charbon ardant; car c'est un signe qui ne convient point à l'eau glacée.

XXXVIII.

Les propositions sensibles vniverselles, comme, *l'eau éteint le feu, les hommes de l'Europe sont blancs*, dependent des particulieres, & ne sont connuës vrayes que par elles, & sont fausses, lors qu'une particuliere est contraire.

XXXIX.

Les propositions sensibles universelles par lesquelles on enonce des effets & des qualités essentielles, ne sont pas moins certaines que les particulieres, comme la proposition universelle, *tout animal est vivant*, n'est pas moins certaine que la particuliere, *cet animal est vivant*; car d'autant que le nom d'animal est donné à cause de la vie, en sorte que rien ne peut estre dit animal, s'il n'est vivant ; il faut de necessité que tout animal soit vivant.

XL.

Lorsque les sens estant bien disposez, une chose ne paroît pas en un lieu, où elle paroîtroit si elle y estoit, la proposition qui assure que cette chose est en ce lieu, sera tenuë pour fausse ; comme s'il ne paroît aucune chose sur une table bien unie & bien éclairée, la proposition qu'il y a un Livre ou une grosse pierre sur cette table, sera tenuë pour fausse ; on appellera ces sortes de propositions & celles qui nient l'existence d'une chose qui nous paroît évidemment, faussetés premieres sensibles.

PRINCIPES DES *propositions vray-semblables.*

IL est manifeste que nous n'avons pas toûjours le temps, les occasions & les autres moyens pour bien examiner & connoître toutes les qualités essentielles, & les circonstances des choses, qu'il y a des qualités & des effets semblables qui conviennent à des choses differentes, comme la blancheur à la neige, au sel & au sucre, la lumiere au Soleil & au feu; & que nous n'avons jamais une certitude entiere & infaillible, que nos sens soient bien disposez; outre que quelques causes secretes changent quelquefois les apparences ordinaires; & qu'en dormant, ou estant en de certaines dispositions extraordinaires, il nous paroît des choses qui ne nous paroissent pas, ou nous paroissent d'une autre sorte quand nous sommes éveillez, & en une autre disposition; & cependant nous sommes souvent obligez de faire quelques actions, & de les regler par des propositions fondées sur des signes & des apparences de cette sorte, quoy qu'elles puissent estre fausses ; comme en voyant seulement la figure d'une pomme, on ne laisse pas de la prendre pour la manger ; en ces cas, on dira qu'il faut croire une proposition, & qu'elle est vray-semblable, lorsque n'estāt pas infaillible, elle a plus de signes & d'apparences, ou est plus souvent reconnuë veritable que sa contraire.

XLI.

Les propositions vray-semblables ne doivent estre receuës qu'au defaut des propositions certaines ou prouvées, & quand nous sommez obligez de faire quelque action de necessité.

XLII.

Il y a de ces propositions dont la verité est si souvent reconnuë, & dont les contraires ont si peu de possibilités, qu'elles sont presque tenuës pour certaines ; comme si on rouloit ensemble 10000. dez bien faits ; la proposition qui asseureroit qu'ils ne se tourneroient pas tous sur la face marquée de l'unité, seroit comme certaine, quoy qu'elle ne fût pas absolument infaillible.

XLIII.

Toutes les fois qu'il nous semble estre éveillez, si faisant reflexion sur tout ce qui nous paroît, nous ne trouvons rien de contraire à la suite des causes & des effets naturels qui nous sont connus, il faut croire que nous sommes éveillez ; que nous faisons veritablement la plûpart des actions qu'il nous semble faire, & que la plûpart des choses qui nous paroissent alors, ont une existence réelle & positive.

XLIV.

Lors qu'il y a plus de signes d'une chose que d'une autre, il faut conclure pour le plus grand nombre de signes, s'ils sont également considerables.

XLV.

Il faut croire qu'une chose arrivera plûtost qu'une autre, quand elle a plus de possibilités naturelles, ou qu'une semblable est arrivée plus souvent ; comme en roulant sur une table trois dez bien faits : il faut croire, & il est vray-semblable, qu'on fera plûtost dix que quatre, parce qu'on peut faire dix en plus de sortes que quatre.

XLVI.

Les propositions sensibles universelles qui asseurent des effets & des qualités non essentielles, si elles sont fondées sur une ou plusieurs verités premieres sensibles, sont certaines en un mesme ou semblable sujet & semblables circonstances, par le principe 18. Comme, si on a observé qu'une pierre jettée en l'air retombe ; la proposition qu'une pierre jettée en l'air retombera, sera certaine à ceux qui en ont fait l'observation, pourveu qu'il n'y ait point de causes contraires qui empeschent cet effet, selon le principe vingt-septiéme. Mais lors qu'on n'est pas asseuré si les causes, les sujets & les circonstances sont entierement semblables, la proposition sera seulement vray-semblable ; comme, si on a veu de l'eau éteindre du feu, on tiendra pour vray-semblable que toute eau éteindra tout feu dans la quantité suffisante, jusques à ce que le contraire paroisse par une verité premiere sensible, auquel cas il faudra distinguer la proposition universelle, comme, l'eau éteint le feu ordinaire, mais non pas le feu de camphre ; quelque miel est poison, quelque miel est bon à manger : une pompe éleve l'eau par aspiration de la hauteur de trente pieds, mais si l'eau est plus basse que quarante pieds, elle ne peut l'élever.

XLVII.

Il est vray-semblable que les causes qui auront du rapport entr'elles feront des effets ou semblables, ou qui auront du rapport entr'eux, & seront proportionnés à leurs causes : comme, si on a observé que les rayons du soleil se rompent en passant de l'air dans l'eau, il sera vray-semblable que ceux d'une chandelle y passant se rompront aussi ; & s'ils se rompent en entrant dans du verre ; il sera vray-semblable qu'ils se rompront en entrant dans du cristal, ou semblablement, ou plus ou moins.

XLVIII.

Lors qu'une chose estant posée, il se fait un effet ; ou qu'estant ostée, l'effet cesse ou ne se fait pas ; si cette chose est reconnuë suffisante pour cet effet, quoy qu'on n'ait pas une connoissance certaine que toute autre chose soit posée ou ostée, selon les conditions du principe onziéme, on tiendra pour vray-semblable que cette chose est la cause, ou une des causes de cet effet, jusques à ce qu'on découvre une autre chose à laquelle les conditions de cause de cet effet conviennent mieux. Ainsi on tiendra pour vray-semblable que les fontaines procedent de la pluye, parce que quand il pleut beaucoup, les fontaines naissent ou augmentent: qu'elles diminuënt ou cessent ordinairement à proportion qu'il cesse de pleuvoir, & que la pluye est suffisante pour les produire; quoy qu'on ne soit pas certain s'il n'y a point quelqu'autre cause secrete qui aide à les produire.

XLIX.

Lors qu'en recherchant la suite des causes pour expliquer, & rendre raison de quelques effets naturels, on en trouve une dont on ne peut donner aucune cause qui soit certaine & évidente, on s'en servira comme d'une cause premiere naturelle pour prouver & expliquer ces effets; & la proposition qui enoncera la verité de cette cause, servira de principe pour prouver les effets qu'elle produit; pourveu que cette proposition soit reconnuë veritable par plusieurs experiences, sans qu'aucune y contrevienne ; comme, si on a remarqué que les miroirs concaves opposez au Soleil, mettent en feu les matieres combustibles, qui sont proches d'un certain point qu'on appelle le foyer du miroir; & qu'on ait jugé que cet effet procede de ce que la lumiere du Soleil qui tombe sur le miroir, se réünit & se rassemble par reflexion à l'entour de ce point ; & qu'on ait trouvé ensuite que ce dernier effet procede de ce que les angles de reflexion des rayons lumineux, sont toûjours égaux aux angles de leur incidence, sans qu'on puisse trouver une cause certaine & évidente, pourquoy ces angles sont toûjours égaux ;on prendra pour principe ou proposition fondamentale, cette proposition. *L'angle de reflexion des rayons est égal à l'angle de leur incidence* ; pourveu qu'on en ait fait plusieurs experiences, soit sur des miroirs plans, soit sur des convexes, &c. La raison est, que puisque par le vingt-quatriéme principe nous ne pouvons aller à l'infiny dans la recherche des causes naturelles, nous devons nous arrêter à la plus éloignée qui nous paroît certaine & évidente, lors qu'elle peut servir à expliquer & rendre raison de plusieurs effets, jusques à ce qu'on découvre une autre cause certaine & évidente de laquelle elle dépende. On appellera les propositions qui assurent des choses & des effets naturels qui n'ont point de causes qui soient évidentes & certaines, & qui sont causes d'autres effets; Loix ou Regles de la nature, ou principes naturels : mais ces propositions ne sont pas des verités premieres intellectuelles ou sensibles, mais seulement des propositions fondamentales ou principes seconds; parce que leur connoissance & certitude dépend des observations & experiences, & du principe dixhuitiéme. On peut aussi appeller ces propositions qui ne sont connuës vrayes que par l'experience, & qui servent à en prouver d'autres, principes d'experience, comme, *les rayons qui passent obliquement de l'air dans l'eau, font une inflexion ou refraction en entrant dans l'eau, & ne vont plus selon les mesmes lignes droites.*

L.

Les principes d'experience qui assurent un effet precisément d'une certaine sorte, seront receus selon cette precision, si par plusieurs differentes observations on n'a jamais remarqué cet effet d'une autre sorte, & qu'il ne puisse estre que de cette sorte, ou d'une autre contraire : encore que selon le principe trente-cinquiéme, on ne puisse discerner par les sens cette precision avec une entiere exactitude. Comme, si on a remarqué que les rayons du Soleil s'étendent en lignes droites par un mesme milieu transparent, & qu'on n'y ait jamais remarqué de courbure; on tiendra pour principe d'experience ou loy de la nature, que les rayons du Soleil s'étendent precisément en lignes droites par un mesme milieu transparent. Mais on ne peut pas prendre pour principe d'experience, que les sinus des angles d'incidence & de refraction des rayons qui passent de l'air dans l'eau, soient entr'eux precisément comme trois à quatre; mais seulement à peu prés : puisqu'on ne sçait pas, & qu'on ne peut remarquer si cette raison n'est pas comme de trois à quatre plus ou moins $\frac{1}{100}$. ou $\frac{1}{1000}$, ou $\frac{1}{2000}$. &c.

LI.

Quand plusieurs personnes, sans avoir communiqué ensemble, assurent separément d'une mesme façon & avec les mesmes circonstances, un effet arrivé en la nature, il faut croire la verité de cet effet, comme une verité premiere sensible. Car comme il y a une infinité de diverses pensées possibles, il est tres-difficile que plusieurs hommes ayent la mesme pensée pour un mesme objet avec toutes les mesmes circonstances, s'il n'est veritablement tombé sous leurs sens; quoy qu'il ne soit pas absolument impossible.

LII.

Quand quelqu'un assure par diverses fois & en divers temps de mesme façon, & avec plusieurs mesmes circonstances & nulle differente, un effet arrivé en la nature, il faut croire vray-semblablement que cet effet luy a paru; si l'on ne sçait aucune chose par laquelle il ait receu une fausse creance, ou aucun sujet pour lequel il doive faire cette proposition contre sa pensée.

On appellera ſyſteme d'une choſe, la façon dont on ſuppoſe qu'elle eſt pour expliquer ſes effets, ſignes & apparences, & en rendre raiſon ; comme lorſque pour expliquer les mouvemens des aſtres & leurs apparences, les uns ſuppoſent que la terre eſt immobile, & que le Soleil & les eſtoiles tournent à l'entour de la terre : & les autres, que le Soleil & les eſtoiles fixes ſont immobiles, & que les planetes & la terre tournent au tour du Soleil ; ce ſont des ſyſtemes differens qu'ils ſuppoſent, ſoit que le Ciel ſoit diſpoſé, & faſſe ſes mouvemens de cette ſorte preciſément, ou non. Quelques-uns poſent pour ſyſteme des choſes ſublunaires, qu'il y a quatre Elemens dont tous les autres corps ſont compoſez, ſçavoir le feu, l'air, l'eau & la terre : quelques-uns y ajoûtent le ſel, le ſoulphre & le mercure, qu'ils appellent les principes des Corps ; & il y en a pluſieurs qui croient que ces deux ſyſtemes ſont faux, & que toutes les ſubſtances materielles ſont compoſées de pluſieurs petits Corps indiviſibles de differentes grandeurs & figures, qu'ils appellent des Atomes.

LIII.

Une hypothese d'un systeme est plus vray-semblable que celle d'une autre, lors qu'en le supposant, on rend raison de toutes les apparences, ou de plus grand nombre d'apparences, plus exactement, plus clairement, & avec plus de rapport aux autres choses connuës; mais s'il y a une seule apparence qui ne puisse convenir à une hypothese, cette hypothese est fausse ou insuffisante.

PRINCIPES & PROPOSITIONS fondamentales de la Morale.

ON appelle icy plaisir tout sentiment agreable que nous recevons, soit par le moyen des sens, comme, celuy qui procede du goust d'une douce saveur; soit par l'esprit & l'imagination, comme celuy que nous recevons d'estre loüez, d'avoir gagné une bataille, d'avoir acquis une perfection nouvelle; & les sentimens desagreables sont icy appellez douleurs ou déplaisirs.

LIV.

Les plaisirs & les douleurs que nous

sentons, nous les sentons veritablement, quelles qu'en puissent estre les causes.

Les choses & les actions qui nous causent du plaisir, sont icy appellées nos biens, entant qu'elles nous causent du plaisir; & celles qui nous causent de la douleur, sont appellées nos maux, entant qu'elles nous causent de la douleur.

LV.

Une mesme chose ou action, n'est pas un mesme bien ou mal aux personnes diversement disposées; & ce qui est bien à un, peut estre mal à un autre.

LVI.

A cause du sentiment que nous avons des plaisirs & des douleurs, ou pour quelqu'autre cause que ce soit, nous concevons ou enonçons des propositions, que nous faisons les regles de nos actions; comme, *de deux maux dont l'un ou l'autre est necessaire, il faut fuyr le plus grand: il faut preferer l'honneur à la vie.* On appellera ces propositions, propositions Morales.

LVII.

Il y a de ces propositions qui sont receuës sans qu'on en puisse douter ; comme, *il faut faire ce qui est le mieux* : on les appellera propositions morales premieres, ou principes du devoir.

LVIII.

Une action est prouvée devoir estre faite, lors qu'on montre qu'elle est conforme à des propositions morales premieres, ou à des propositions prouvées par des propositions morales premieres.

LIX.

Lors qu'un bien ou un mal nous paroît, soit par le moyen des sens, soit par le moyen de l'imagination & de la memoire, il s'excite en nous des mouvemens par lesquels nous sommes émeus autrement que nous ne le sommes d'ordinaire ; on appellera ces mouvemens, passions.

LX.

Les principales passions qui concernent le bien, sont l'amour, qui est une passion qui s'excite en nous, lorsque nous avons la connoissance qu'un objet nous donne ou nous peut donner du plaisir ; le desir qui nous excite à suivre les objets que nous aimons, & que nous ne possedons pas ; & la joye par laquelle nous sommes émeus en la joüissance & possession de ce que nous aimons.

LXI.

Les principales passions qui concernent le mal, sont, la haine contraire à l'amour, l'aversion contraire au desir, & la tristesse contraire à la joye. La joye s'excite aussi en nous, lorsque nous avõs évité un mal, ou que nous en sommes delivrez; & la tristesse, lorsque nous perdons un bien.

LXII.

Lorsque nous croyons vray-semblablement que nous obtiendrons un bien ou que nous éviterons un mal que nous avons crû certain, il s'excite en nous une passion qui a quelque rapport à la joye; elle est appellée esperance; la passion contraire peut estre appellée defiance, crainte ou desespoir.

LXIII.

Si quelque chose nous cause un mal, ou nous empesche d'obtenir un bien, il s'excite en nous une passion violente par laquelle nous sommes émeus & fortifiez à repousser cet empeschement, ou à détourner ce mal; on appellera cette passion, colere.

On appelle icy action volontaire, celle à laquelle nostre volonté se portant, nous la faisons ; & ne s'y portant pas, nous ne la faisons pas de nous mesmes : comme, jetter une pierre, parler, &c. Et action involontaire, celle qui se fait en nous, ou que nous faisons, quelque volonté que nous ayons au contraire ; comme le battement du cœur, le mouvement du bras, quand quelqu'un nous le remuë par force.

LXIV.

Les mouvemens de l'imagination & de la memoire se font quelquefois sans dessein, & mesme malgré la volonté ; mais souvent on les excite volontairement, comme lorsque l'on compose des vers, qu'on fait le projet d'un tableau ou d'un bâtiment, qu'on invente une demonstration, &c.

LXV.

La memoire d'un objet en excite la passion, mais quelquefois la passion excite la memoire & l'imagination ; cõme lors qu'on a eu une extreme tristesse, il peut arriver que quelque temps aprés, un semblable mouvement de tristesse s'excitera en nous, sans penser à l'objet qui l'a causée, & qu'en suite nous nous en souviendrons : & ce qui fait que nous reconnoissons les choses que nous avons déja veuës, procede de ce que la seconde veuë excite en nous des mouvemens semblables aux mouvemens que la premiere y avoit excitez ; & la comparaison que nous faisons de ces deux mouvemens, & des passions qu'ils produisent, laquelle nous les fait paroître semblables ou proportionnés, forme la reconnoissance.

LXVI.

La volonté ne se porte qu'au bien connû, ou crû tel par le sens, ou par l'imagination, ou par le raisonnement.

LXVII.

La creance qu'une chose soit ou ne soit pas, ne dépend pas de la volonté ; toutefois nous pouvons exciter volontairement l'imagination d'une chose, & cette imagination fait naistre en quelque façon la creance.

LXVIII.

Nous croyons ordinairement & naturellement ce qui tombe sous nos sens, & par la mesme raison ce qui nous paroît en songe, lorsque nous songeons.

On croit encore bien souvẽt les choses qui sont representées par des peintures, ou par des discours vray-semblables : car nous en concevons des idées à peu prés comme si elles tomboient sous nos sens ; & la creance d'un homme en fait naître souvent une semblable dans l'esprit d'un autre, lors qu'il luy represente comme vraye & avec passion, la chose qu'il croit.

LXIX.

Il est possible que les apparences qui nous arrivent en dormant ou dans un delire, soient aussi fortes & aussi claires, que celles qui procedent des veritables sensations ; & qu'on croye avoir songé ce qu'on a vû, & avoir vû ce qui a paru en songe.

LXX.

La creance peut estre contraire aux apparences, & il n'y a rien de si peu vray-semblable où la creance de quelqu'un ne se puisse naturellement porter : & ce qui a paru vray aux sens & à la raison, n'est pas toûjours crû.

LXXI.

Il n'y a rien de si mauvais à la plûpart des hommes, où la volonté de quelqu'un ne se puisse naturellement porter; ny rien de si bon que quelqu'un ne puisse haïr.

LXXII.

Les passions d'amour & de haine, & la creance, se changent difficilement en leurs contraires: parce qu'un mouvement en empesche un autre; & que lorsque l'imagination est accoûtumée à recevoir l'idée d'un objet d'une certaine maniere, il est difficile de luy imprimer une idée contraire ou dissemblable pour le mesme objet.

LXXIII.

Celuy qui croit estre content & heureux l'est, lors qu'il le croit; & on ne peut l'estre, si on ne le croit.

LXXIV.

Les biens & les maux ne nous touchent pas selon la proportion de la grandeur des choses ou des actions qui sont nos biens & nos maux: & les petits sujets de plaisir & de douleur nous donnent souvent autant de plaisir & de douleur, que les plus grands.

LXXV.

Il y a de deux sortes principales de plaisirs de l'esprit; ceux de l'honneur, comme d'estre loüez & aimez, d'estre plus parfaits, & d'avoir plus de pouvoir que les autres ; & ceux de convenance, comme celuy qu'on reçoit de la lecture d'une belle poësie, de la veuë d'une maison bien faite suivant les regles de l'Architecture ; c'est à dire que nostre esprit se plaist principalement à l'honneur qu'on nous rend, & à la convenance, symmetrie, ou proportion des choses. Le des-honneur, & la disconvenance ou difformité, sont les principaux déplaisirs de l'esprit.

Une mesme action est appellée naturelle, quand elle est considerée en elle-mesme ; & morale, entant qu'elle concerne nos mœurs & nos passions, & qu'elle se rapporte au bien ou au mal que nous recevons, ou que nous faisons recevoir aux autres : comme, battre quelqu'un, entant qu'on remuë le bras, est une action naturelle ; & entant qu'on veut luy faire du mal & qu'on le frappe, par vengeance ou par quelque autre passion, c'est une action morale.

LXXVI.

Il y a de certaines actions lesquelles entant que morales, nous paroissent d'ordinaire avoir de la convenance & estre bien faites, & elles sont estimées & loüées, soit parce qu'elles marquent quelque grandeur & perfection en ceux qui les font, soit par quelque interest que nous y prenons, ou pour quelque autre cause; comme, donner quelque chose liberalement à un autre qui en a besoin, defendre ses amis à qui on fait injure, rendre à un autre ce qui luy appartient. On appelle ces actions bonnes & vertueuses: & ceux qui les pratiquent souvent sont appellez hommes de bien & vertueux, & ils en reçoivent de l'honneur & de l'estime.

LXXVII.

Il y a des actions morales qui paroissent disconvenantes & difformes, & sont blasmées, soit parce qu'elles font du mal à autruy, auquel nous prenons interest, ou parce qu'elles marquent quelque bassesse & imperfection en ceux qui les font: comme dérober, tuer, s'enyvrer: ces actions entant que morales sont appellées méchantes & vicieuses; & ceux qui les font entant qu'ils les font, sont appellez méchans & vicieux, & ils en reçoivent du blasme.

LXXVIII.

Il y a de la difformité ou disconvenance à manquer à ce qu'on a promis de gré à gré en choses reciproques.

LXIX.

Il y a de la disconvenance à rendre le mal pour le bien. LXXX.

La possession d'une chose qui sert à obtenir un bien, est tenuë pour un bien: on l'apelle bien utile ou bié d'esperance. Ainsi les richesses sont un bien utile & d'esperance, parce qu'on espere d'obtenir la plûpart des biens par leur moyen, comme l'honneur, la bonne chere, &c. & cette esperance de beaucoup de biens est d'ordinaire preferée à tout autre bien particulier. LXXXI.

Les actions vertueuses entant qu'elles ont de la convenance, & nous rendent plus parfaits, sont un bien d'elles-mesmes; & entant qu'elles nous font obtenir les plaisirs de l'honneur, ou quelques autres biens, elles sont un bien utile & d'esperance.

LXXXII.

Lors qu'une passion pour un bien, nous a fait perdre un autre bien, ou causé un mal; ce bien estant obtenu, la passion cesse : & la perte de l'autre bien, ou le mal, nous afflige & nous fait blâmer la premiere passion : on appellera cette tristesse, regret ou repentir.

Devoir de convenance est celuy suivant lequel nous faisons les actions de vertu, & que nous exprimons par de certains principes moraux fondez sur la convenance ; comme, *il faut tenir ce qu'on a promis, il ne faut pas faire ce que nous ne voudrions pas qu'on nous fist.*

Devoir naturel est celuy suivant lequel nous suivons nostre plus grand bien apparent, ou nous fuïons nostre plus grand mal apparent, soit que les actions qui font obtenir le bien ou qui font éviter le mal, soient disconvenantes ou non ; lequel devoir nous exprimons par ces principes : *il faut suivre ce qui nous est le meilleur, il faut suivre nostre plus grand bien.*

Dautant qu'il y a diverses sortes de biens dont quelques uns sont incompatibles ; car les plaisirs des sens, sont souvent contraires à ceux de convenance & d'honneur ; que de la joüissance de l'un, suit quelquefois la perte de l'autre ; que les petits biens font souvent naître de grands maux, & les petits maux de grands biens ; & qu'une mesme chose ou une mesme action peut causer du bien & du mal : que chacun n'estime pas également les mesmes biens & les mesmes maux ; car les uns aiment plus ardemment l'honneur, & les autres les biens sensibles ; & qu'une mesme personne en divers temps, occasions & dispositions, change d'inclination & de volonté ; nous sommes obligez pour bien guider nos passions, éviter le repentir, & regler les actions qui nous font obtenir les biens & éviter les maux, de nous servir des propositions appellées verités morales premieres, ou principes du devoir, ou maximes de politique, telles que sont les suivantes.

LXXXIII.

Il faut faire ce qui est le mieux, ou qui nous est le meilleur.

LXXXIV.

De deux maux dont l'un ou l'autre est inévitable, il faut fuïr le plus grand.

LXXXV.

De deux biens inégaux & incompatibles, il faut choisir le plus grand, & de deux égaux le plus durable.

LXXXVI.

Il ne faut pas que la possession d'un petit bien empesche celle d'un plus grand bien, ou cause un plus grand mal.

LXXXVII.

Il ne faut pas en recherchant les moyens pour obtenir un bien, perdre le bien mesme.

LXXXVIII.

Tout bien qui n'est pas contraire à un autre bien, & dont il ne suit point de mal, il le faut suivre.

LXXXIX.

Lors qu'il y a plusieurs moyens pour obtenir un bien ou pour éviter un mal, il ne faut pas demeurer long-temps dans l'incertitude du choix, si le retardement peut faire perdre le bien, ou rendre le mal inévitable.

XC.

Un bien commun n'est considerable à chaque particulier, qu'entant qu'il en est participant, ou qu'il luy cause un autre bien.

XCI.

Si deux biens futurs égaux sont proposez, il faut suivre celuy qui le plus vray-semblablement doit arriver.

XCII.

Si les possibilités d'un bien surpassent d'autant celles d'un autre bien, que sa bonté est surpassée par celle de l'autre, ils sont également à suivre.

XCIII.

Si un mal surpasse d'autant un autre mal, que les possibilités de ce dernier surpassent celles de l'autre, ils sont également à éviter.

XCIV.

Si plusieurs biens sont proposez d'un costé & un d'un autre, qui ne soit pas plus grand que l'un d'eux, & qu'ils soient également possibles, il faut suivre le plus grand nombre.

XCV.

Si plusieurs maux sont proposez d'un costé & un d'un autre, qui ne soit pas plus grand que l'un d'eux, il vaut mieux souffrir celuy qui est seul.

Un bien est dit égal à un mal, lors qu'estant joints ensemble, il est indifferent de les suivre, ou de les fuïr.

XCVI.

Lors qu'en une mesme chose ou

action, il y a plusieurs commodités & incommodités, ou plusieurs biens & maux, il faut compenser les biens par des maux égaux ; & s'il reste du bien, il faut suivre cette chose ou cette action ; si du mal, il la faut fuïr.

XCVII.

Ce n'est pas la grandeur ou le nombre des choses qu'il faut considerer en l'election des biens & des maux ; mais la grandeur des plaisirs, & des douleurs qu'elles nous causent.

XCVIII.

Si deux biens sont égaux, dont l'un soit present, & l'autre à venir, il faut preferer le present, à cause de l'incertitude de l'avenir.

XCIX.

Si d'un bien de peu de durée suit necessairement un mal qui luy soit égal, & d'égale ou plus grande durée, ou un mal mediocre de tres longue durée; il ne faut pas rechercher la possession de ce bien ; parce que la crainte du mal à venir diminuë le bien present, & que le bien estant cessé, sa perte nous afflige.

C.

Si d'un mal de peu de durée suit necessairement un bien qui luy soit égal, & d'égale d'égale ou plus grande durée, ou un bien mediocre de tres-longue durée, il faut ſuivre ce mal, s'il ne nous cauſe aucune imperfection : parce que l'eſperance du bien qui en doit arriver, eſt un bien qui diminuë le ſentiment de ce mal ; & que le mal eſtant ceſſé, la memoire en eſt agreable.

ESSAY DE LOGIQUE.

SECONDE PARTIE

Contenant la methode qu'il faut suivre pour faire de bons raisonnemens.

ON se sert du raisonnement, ou pour s'instruire soy-mesme, ou pour instruire les autres, & refuter leurs fausses opinions.

Ceux avec lesquels on raisonne sont, ou des Esprits subtils & dociles, qui comprennent facilement les connexités des propositions, & qui ne s'obstinent point à soûtenir un faux raisonnement ; ou des Esprits grossiers qui ont peine à comprendre la liaison des propositions : ou des Esprits contentieux, & preoccupez de fausses opinions, qui contestent même les verités, aprés qu'elles leur sont connuës. C'est ce qu'il faut considerer lors qu'on entreprend de convaincre les uns ou les autres.

Cette seconde Partie est divisée en quatre discours.

Le premier contient quelques regles pour nous rendre intelligibles dans nos raisonnemens.

Le second contient des preceptes pour chercher, & pour trouver les principes & les propositions fondamentales qui doivent servir à la preuve des propositions douteuses.

Dans le troisiéme, on enseigne à faire les argumens, & comme il faut disposer & mettre en ordre ceux qui peuvent servir à l'établissement de quelque science.

Et enfin dans le quatriéme, on donne des regles pour connoître les faux raisonnemens, & les autres causes de nos erreurs, afin de ne s'y laisser pas surprendre.

PREMIER DISCOURS.

De ce qu'il faut observer pour se rendre intelligible.

NOus sommes obligez quand nous raisonnons avec les autres, de leur faire entendre & comprendre nos raisonnemens.

Nos raisonnemens sont composez de diverses propositions, & les propositions de divers noms ou mots.

En toute proposition, on attribuë une chose ou une action à une autre chose, ou l'on nie qu'elle luy convienne ; comme, *un homme est un animal*, *la Cigüe est venimeuse*, *Pierre ne parle pas*.

Ce qu'on attribuë, s'appelle l'attribut de la proposition ; & la chose à laquelle on l'attribuë, s'appelle le sujet ; comme en cette proposition, *la neige est blanche* ; la neige est le sujet auquel on attribuë la blancheur, & la blancheur est l'attribut. Ce qu'on nie s'appelle aussi l'attribut de la proposition, comme en cette propoſition, *Pierre neſt pas vertueux*; n'eſt pas vertueux, eſt l'attribut ~~de cette propo-ſition~~.

Les noms de ſujet & d'attribut s'appellent les termes de la propoſition : le ſujet eſt appellé le moindre terme, & l'attribut le plus grand terme, parce qu'il eſt ordinairement le plus univerſel.

Il n'y a point de langage ſi parfait qui n'ait quelques obſcurités, & quelques mots qui ſont pris en des ſignifications differentes, ou qui ne ſont pas connus de tous ceux qui uſent de ce langage : c'eſt pourquoy il faut que ceux à qui l'on parle, tâchent de s'accommoder au ſens de celuy qui parle, ſuivant la premiere demande ; & que celuy qui parle ou qui écrit, ne ſe ſerve, s'il ſe peut, que des noms & des façons de parler les plus intelligibles & les plus en uſage.

Ceux qui uſent d'un meſme langage, prennent à peu prés tous les noms & toutes les façons de parler dans un même ſens ; parce que dés l'enfance, par un long uſage de voir les choſes en mesme temps qu'on les nomme, chacun apprend la vraye signification des noms dont on se sert pour signifier les choses qui tombent ordinairement sous nos sens.

Il y a donc peu de mots qui ayent besoin d'explication; & ceux qui parlent en public des choses ordinaires, sõt peu souvent obligés d'expliquer ce qu'ils entendent par les mots dont ils se servent. Euclide n'a pas crû qu'il fallût expliquer la signification de beaucoup de mots qu'il employe; comme, *égal, plus grand, longueur, largeur, &c.* Et Dioscoride n'a point dit ce qu'il entendoit par les noms de feüille, fleur, racine, fruit, &c.

L'obscurité des noms procede, ou de ce qu'un mesme nom signifie des choses differentes; comme, mineur signifie un homme qu'on employe à faire des mines, ou bien un jeune homme qui n'a pas encore atteint un certain âge: ou de ce que des noms differens signifient la mesme chose, comme un Astre & une Estoile; & l'on peut douter si c'est la mesme chose, ou de ce que la choſe qu'on nõme eſt inconnuë ; cõme lorſque les Geometres parlent des Ellipſes, des paraboles, des binomes, &c. à ceux qui ne sõt pas Geometres : ou de ce qu'on donne un nouveau nom à une choſe connuë, & l'on peut ignorer que ce nom luy convienne. En tous ces cas, & en quelques autres où l'on peut ſe tromper en la ſignification d'un mot, ou d'une maniere de parler ; il eſt preſque toûjours neceſſaire que celuy qui parle ou qui écrit, explique & donne à connoître quelles ſont les choſes ſignifiées par les noms dont il ſe ſert, en ſorte qu'on puiſſe diſtinguer ces choſes des autres, & qu'on n'en conçoive pas d'autres au lieu d'elles.

La propoſition qui ſe fait pour donner à connoître quelle choſe eſt ſignifiée par le nom ou mot dont on ſe ſert, eſt icy appellée definition ; & elle conſiſte à faire connoître cette choſe par le moyen d'autres noms, qui la faſſent diſtinguer de toute autre choſe, & deſquels la ſignication ſoit connuë à ceux à qui l'on parle.

Pour bien faire une definition, il faut

se regler par les demandes premiere & troisiéme, & par les propositions 8. 31. 32. 33. & par celles qui sont entre la 31. & la 32. & entre la 32. & la 33.

Si l'on pouvoit faire tomber sous les sens les choses sensibles inconnuës, & dont les noms sont inconnus, les definitions de ces choses ne seroient pas necessaires, parce qu'on sçauroit de quelle chose on voudroit parler : mais pour les intellectuelles, dont l'exactitude ne peut estre jugée par les sens, comme, *un cercle, une ligne droite, une ellipse, &c.* il faut de necessité les definir, & mesme les faire voir en mesme temps, décrites & figurées de telle sorte qu'elles puissent estre conceuës; comme, pour donner à peu prés l'idée de la ligne droite, on se servira d'un fil de soye fort delié, & bandé fermement de bas en haut; & pour faire connoître ce que c'est qu'un cercle, on en décrira un avec un compas. On fera de mesme à l'égard des plantes & des animaux inconnus; c'est à dire qu'il en faut donner la peinture, en mesme temps qu'on les donne à connoître par le discours.

Il y a necessairement des noms de

choſes qu'on ne doit point entreprendre de definir ; de meſme qu'il eſt neceſſaire qu'il y ait des noms dont on ne puiſſe donner l'etymologie, autrement on iroit à l'infiny ; comme, ſi on avoit definy un animal, *un corps ſenſible*, & qu'on demandât, *qu'eſt-ce qu'eſtre ſenſible* ? on auroit de la peine à l'expliquer autrement que par des noms de meſme ſignification. Il y a beaucoup de premiers noms dont la ſignification s'apprend par l'uſage, c'eſt à dire, en nommant & faiſant tomber en meſme temps ſous les ſens, la choſe nommée ; c'eſt pourquoy ces noms ſont comme les principes des definitions. Ainſi c'eſt mal à propos que quelques-uns veulent definir & expliquer tous les noms dont ils ſe ſervent : & que d'autres blâment l'uſage des definitions, diſant que ſi par exemple, on a definy l'homme, un animal raiſonnable, on eſt plus en peine qu'auparavant, puis qu'il faut definir enſuite, animal & raiſonnable : car il n'eſt pas neceſſaire d'expliquer la ſignification des premiers noms par d'autres ; & la definition qu'on feroit d'une choſe fort commune & tres-connuë, en donneroit une idée moins claire, que celle qu'on en a par l'usage.

Les choses qui ont des noms communs de substance, se doivent definir par un nom de genre le moins commun, & par un nom de qualité essentielle ou propre, qui ne convienne à aucune autre chose. C'est une des plus importantes regles de la definition : ainsi lorsque pour definir un triangle, on dit, *un triangle est une figure comprise entre trois costés* : le nom de figure est le nom de genre ; & avoir trois costés, est la qualité essentielle qu'on appelle autrement difference essentielle. Tous ces termes sont connus; car s'ils étoient inconnus, on contreviendroit au huitiéme principe.

Autre exemple de definition.

L'Elephant est un animal à quatre pieds, le plus grand de tous. Estre le plus grand de tous les animaux à quatre pieds, est une difference qui distingue l'Elephant des autres animaux : animal à quatre pieds est le nom de genre le moins commun : car qui diroit seulement animal, ne diſtingueroit pas aſſez. On ne peut pas auſſi definir en diſant, *c'eſt une choſe* ; car le nom de choſe comprend tout, & ne diſtingue rien ; & lors qu'on employe le nom de genre dans une definition, ce n'eſt pas à cauſe qu'il contient pluſieurs eſpeces ; mais parce qu'il fait diſtinguer d'abord la choſe definie, de celles qui ne ſont pas de ce meſme genre.

Que ſi le nom de qualité propre ou eſſentielle eſt inconnu, il faut faire entrer en la definition pluſieurs noms de qualités accidentelles, qui toutes enſemble ne conviennent qu'à la choſe dont on veut expliquer le nom.

Exemple.

Le houx eſt un arbriſſeau qui a les feüilles larges, piquantes, & vertes en tout temps, & le fruit petit & rouge. Arbriſſeau eſt le nom de genre le moins commun ; avoir les feüilles piquantes, eſt commun au genévre, &c. les avoir larges, au cheſne, &c. vertes en tout temps, au laurier, &c. le fruit petit & rouge, a beaucoup d'autres plantes ; mais toutes ces qualités ensemble ne conviennent qu'au houx. C'est de cette sorte que Dioscoride a definy les plantes desquelles il dit ensuite les proprietez & les vertus. Ainsi les Platoniciens definissoient l'homme, un animal à deux pieds, sans plumes, aux ongles larges, &c.

Que si l'on découvre un autre arbrisseau que le houx, qui ait les feüilles larges, piquantes, vertes en tout temps, &c. il faudra ajoûter quelque chose à la definition du houx, soit à l'égard de la racine ou des fleurs, &c.

Il faut prendre garde de ne point mettre plusieurs termes en la definition, de la compatibilité desquels on pourroit douter : comme, il ne faut pas mettre en la definition du diametre du cercle, que c'est une ligne droite qui passant par le centre, & se terminant à la circonference, la coupe en deux également ; mais seulement, qui passant par le centre se termine à la circonference, ou bien que c'est une ligne qui divise le cercle en deux parties égales. Que si ce que l'on veut definir n'a point de nom de genre, & qu'on ne puisse bien donner à connoître quelqu'une de ſes qualités propres, il faut le definir par induction ou exemple, qui eſt la façon dont on apprend par uſage la ſignification des noms. Les definitions qui ont eſté données en la premiere partie, de la ſubſtance, de la qualité, de la nature, ſont de cette ſorte. Ou bien il le faut definir par quelques-unes de ſes circonſtances, cauſes ou effets, ou meſme par des noms de meſme ſignification; comme, *le lieu eſt l'eſpace qui eſt occupé, ou qui peut eſtre occupé par un corps. Le lieu eſt l'eſpace où eſt ſitué un corps au reſpect des autres corps qui l'environnent. La ligne droite eſt celle qui s'étend également ou uniment entre ſes points*, c'eſt à dire, *qui s'étendant d'un point à un autre, ne s'écarte ny d'un coſté ny d'un autre*, c'eſt à dire *qui eſt droite. Le temps eſt la meſure de la durée des choſes ou de leurs mouvemens* : & reciproquement *le mouvement eſt la meſure du temps.*

Les qualités preciſes ſont ſouvent difficiles à definir, ſi on ne nomme les ſubſtances où elles ſont: ainſi on ne peut definir la rougeur du pavot, ou celle de la rose, sans nommer ces substances; c'est par cette raison qu'on dit couleur de feu, couleur de cerise, &c. odeur de musc, odeur de rose, &c.

Il faut que dans la definition, le terme qui est le sujet de la proposition, puisse devenir l'attribut; comme, cette definition, *Vn triangle est une figure comprise entre trois costés,* peut estre changée en celle-cy, *une figure comprise entre trois costés est un triangle*; parce qu'un triangle & une figure comprise entre trois côtés, signifient la mesme chose.

Les choses visibles sont mieux distinguées par la figure, que par toute autre qualité; & si on vouloit definir un cheval en un païs où l'on n'en a jamais vû, en cette sorte; *un cheval est un animal qui hennit*, la definition seroit inutile; car le hennissement seroit une chose également inconnuë.

Quelques-uns appellent description, la definition par la figure, & nient que ce soit une definition. Cependant les Geometres ont appellé definitions, les descriptions du quarré, du triangle, de la sphere, &c. & il y a beaucoup de choses dont la figure ou l'usage est la qualité essentielle, comme une table, une scie, un marteau : c'est pourquoy il faut les definir par la description de leur figure, ou par leur usage, & mesme quelquefois par leur matiere.

On definit quelquefois un particulier dans son nom d'individu s'il en a un, par son nom d'espece ; comme, *Alexandre est un homme*, *Bucephale est un cheval, &c.* mais ces definitions sont imparfaites.

Les definitions ne font pas que les choses soient ; car pour dire, une Chimere est un tel animal, un cercle est une telle figure, il ne s'ensuit pas qu'il y ait dans la nature une Chimere ou un cercle : mais supposant que ces choses soient, ou qu'on puisse les faire telles qu'elles sont definies, on leur donne le nom. D'où il s'ensuit que les definitiõs ne peuvent estre fausses quand on use de ce mot, *j'appelle* : mais le nom peut estre donné mal à propos, comme si Apollonius avoit appellé Ellipse, ce qu'il appelle Parabole; & mesme quand les choses ont des noms communs & en usage, il ne faut pas temerairement les changer, ny donner aux noms une autre signification que celle qui est en usage. Que si on veut parler de quelque chose nouvelle, & qui n'a jamais esté connuë, laquelle par consequent n'a point de nom; comme lorsque les Chymistes découvrent dans leurs operations quelque chose extraordinaire & nouvelle; il ne faut point luy donner un nom qui serve déja à une autre chose: mais il en faut inventer un nouveau; tels sont ces noms inventez par quelques Chymistes, Alcaheft, Blas, Gas, Athanor, &c. ou bien il faut ajoûter quelque Epithete au nom qui sert à une autre chose, comme, *Poulle de Barbarie*, *Aconit de l'Amerique*, *&c.*

La plûpart de ces regles ne sont pas absolument necessaires, mesme celle qui prescrit qu'il faut definir les choses qui ont un nom obscur. Ceux qui sont capables d'inventer de nouvelles sciences, n'ignorent pas qu'il faut expliquer les noms nouveaux ou obscurs dont ils se servent, & ils peuvent assez facilement donner à connoître ce qu'ils entendent par ces noms: car enfin il n'importe pas beaucoup de quelle façon les definitions ſoient faites, pourveu qu'elles nous faſſent concevoir une idée des choſes definies aſſez diſtincte pour n'en pas concevoir d'autres aulieu d'elles : & le plus ſouvent les regles trop generales comme celle-cy, Il faut que toute definition ſoit compoſée de genre & de difference, ne font qu'embarraſſer ; & lors qu'on veut les pratiquer exactement, on fait ſouvent des Enigmes:car une Enigme n'eſt autre choſe qu'une definition obſcure ; comme ſi on demandoit, *qu'eſt-ce que la premiere Entelechie d'un corps organiſé ayant vie par puiſſance* ? on ſeroit fort empeſché de le deviner, ſi on ne ſçavoit pas que c'eſt la definition de l'ame, ſelon Ariſtote. Ceux meſmes qui preſcrivent cette regle generale, en peuvent difficilement donner d'autre exemple dans les choſes ſenſibles, que celle-cy, *l'homme eſt un animal raiſonnable* ; encore ne vaudroit-elle rien, s'il eſtoit vray que les autres animaux euſſent du raiſonnement,comme quelques-uns l'ont ſoûtenu.

Quelquefois on établit l'exiſtence & les proprietés d'une choſe, & enſuite on luy donne un nom, ce qui peut estre aussi appellé une definition; comme, lors qu'aprés avoir étably qu'il y a des propositions dont la verité est incontestable, on dit qu'elles seront appellées des principes de connoissance.

L'une des plus importantes regles de la definition est, qu'il faut dans la suite du raisonnement s'arrester aux termes de la definition : contre laquelle regle on peut dire qu'Euclide a failly, lors qu'il a dit qu'un cercle ne coupe pas un autre cercle en plus de deux points ; car suivant la definition du cercle il devoit dire, la circonference d'un cercle ne coupe pas celle d'un autre cercle en plus de deux points.

Ce qui donne le plus de peine dans les definitions, est que la question (*qu'est-ce qu'une chose?*) se prend en divers sens: & pour y apporter de l'éclaircissement, il faut supposer que nous parlions à un Etranger qui sçache beaucoup de mots de nostre langue, & qui en ignore encore beaucoup. Si cet Etranger voit passer un cheval, & qu'il demande quelle beste c'est; alors il est évident que c'est le nom qu'il demande, suppoſé qu'il en ait déja vû d'autres ; & on le ſatisfait en luy diſant que cette beſte eſt un cheval. Que s'il entend prononcer le mot de cheval, & que ne ſçachant point à quelle choſe on donne ce nom, il demande qu'eſt-ce qu'un cheval ; alors il luy faut répondre ſuivant les regles precedentes ; comme, *un cheval eſt un animal à quatre pieds, de grande ſtature, qui a la corne du pied ronde, & de grands crins au col & à la queuë, &c.* Enfin tant cet Etranger que d'autres qui uſent d'une meſme langue que celuy à qui ils parlent, en voyant une choſe & ſçachant ſon nom, ne laiſſent pas de demander quelquefois, ce que c'eſt : comme quand on voit l'Arc-en-ciel ou une Comete, ou qu'on entend le tonnerre, &c. on ne laiſſe pas de demander qu'eſt-ce que l'Arc-en-ciel ? qu'eſt-ce que le tonnerre, &c. & alors ce n'eſt pas la ſignification du nom qu'on demande, car on la ſçait : mais quelles ſont les cauſes de la choſe ſignifiée, & quels effets elle peut produire, &c. Or dans les choſes naturelles ou ſurnaturelles, il eſt tres-difficile de ſatisfaire à cette queſtion ; & c'eſt ordinairement le ſujet de nos diſputes, & le but & la concluſion de nos raiſonnemens. Ainſi Ariſtote a fait trois Livres pour tâcher à expliquer ce que c'eſt que l'ame, ſans y avoir bien réüſſi ; & l'on peut remarquer dans les Livres de Platon, l'embarras où il ſe met pour faire connoître la nature de l'eſtre, du non-eſtre, de la beauté, &c. Meſme il paroît que le deſſein de ces Philoſophes eſtoit de pouvoir expliquer la nature & toute l'eſſence d'une choſe en une ſeule propoſition ſemblable aux definitions de Geometrie ; ce qui eſt une erreur manifeſte : car quand les Geometres expliquent ce qu'ils entendent par un nom dont ils ſe ſervent, comme un quarré, un triangle, &c. ils peuvent facilement donner à connoître par la definition, l'eſſence de la choſe à qui ils donnent le nom, à cauſe de ſa ſimplicité ; comme, *un quarré eſt une figure cõpriſe entre quatre coſtés égaux, ſe rencontrans à angles droits* : mais il n'en eſt pas de meſme des choſes naturelles ou ſurnaturelles, comme de l'ame, de l'Arc-en-ciel, du tonnerre, des parelies, &c. parce qu'elles ne dépendent pas de noſtre imagination, & qu'elles ont ſouvent pluſieurs cauſes ou effets, qu'il eſt impoſſible d'expliquer par une ſeule propoſition ; par exemple, il en faut plus de cinquante tant de Geometrie que d'Optique, pour bien expliquer les cauſes de l Arc-en-ciel, & de ſes couleurs differentes ; & quand on pourroit le faire par une ſeule propoſition, on ne doit pas l'appeller definition, ſi l'on accorde la troiſiéme demande ; puiſque la definition doit preceder le raiſonnement & la diſpute, & que le diſcours ou la propoſition qui doit expliquer parfaitement la nature, les cauſes & les proprietés d'une choſe, ne ſe peut faire qu'aprés de grandes diſputes & de grands raiſonnemens. Que ſi pourtant on veut l'appeller definition, il ne faut pas la confondre avec l'autre, ſuivant la troiſiéme demande.

Pour les diſtinguer, nous appellerons la premiere, la definition qui precede la diſpute, ou la definition diſtinctive, ou la definition de Logique : telles que ſont les definitions des Mathematiciens : & l'autre, celle qui ſuit la diſpute, & qui en eſt la concluſion ; & il ne faut pas ſe mettre en peine de faire cette derniere, quand la premiere ſuffit. C'eſt de la premiere qu'on entend parler icy, & dont on a donné les regles.

Il eſt quelquefois neceſſaire pour ſe bien faire entendre, de ſe ſervir de diviſion ou diſtinction. On diviſe par exemple un diſcours en deux ou trois points, pour le rendre plus clair, & pour faire qu'on s'en ſouvienne mieux: on diviſe une choſe entiere en ſes parties, comme quand on dit qu'un homme eſt composé de corps & d'ame : on diviſe un nom équivoque en ſes ſignifications differentes, &c. Les regles qu'on donne pour bien faire une diviſion ſont peu importantes, & il eſt quelquefois tres-difficile de les bien appliquer, & de pouvoir aller juſques au dernier détail des choſes : comme, ſi l'on avoit diviſé les animaux en terreſtres & aquatiques, &c. les terreſtres, en ceux qui marchent, & en ceux qui rampent ; il ſeroit comme impoſſible de dire enſuite toutes les eſpeces d'animaux qui marchent ou qui rampent, parce que le nombre en eſt trop grand, & qu'il n'y a perſonne qui les ſçache toutes.

II. DISCOURS.

De l'invention des Principes.

LEs definitions & les diviſions étant faites, ſi elles ſont neceſſaires, il faut regarder de quel genre eſt la propoſition à prouver, c'eſt à dire ſi elle eſt intellectuelle, ou ſenſible, ou morale; car les Principes pour les prouver ſont differens, comme auſſi la façon de les chercher.

Les propoſitions de quelque genre qu'elles ſoient ſont, ou des Theoremes qui propoſent quelque choſe à connoître, comme, *un nombre quarré multipliant un nombre quarré, produit un nombre quarré, Le Soleil eſt plus grand que la terre; Il faut ſuivre la vertu*: Ou des Problemes qui propoſent quelque choſe à faire, comme, *décrire un quarré; rendre une terre fertile, appaiſer une ſedition.*

Les propositions intellectuelles sont souvent necessaires pour parvenir à la connoissance des propositions sensibles pour lesquelles nous avons de la curiosité, ou desquelles il nous importe de sçavoir la verité; comme si une éclipse de Soleil ou de Lune, ou l'apparition d'une nouvelle Comete nous donne de l'étõnement; on ne peut sçavoir si ces choses nous menacent de quelque malheur ou non, sans sçavoir leurs causes; & on ne les peut sçavoir sans le secours de la Geometrie, de l'Arithmetique, & des autres sciences intellectuelles, par lesquelles nous pouvons sçavoir les distances de ces corps, leurs grandeurs, leurs mouvemens & revolutions. De mesme, si un miroir concave nous fait paroître l'image d'une chose dans une situation renversée, si nous considerons l'Arc-en-ciel & beaucoup d'autres merveilles de l'Art ou de la nature, nostre curiosité ne peut estre satisfaite que par le moyen des mesmes sciences. Elles peuvent aussi servir pour les propositions morales; comme, lorsque pour établir & conserver la paix entre les hõmes, il faut faire le partage des terres &

des

des autres choses, connoître les limites de ce qui appartient à chaque particulier, & mettre toutes les choses en leur juste proportion ; mesme ces sciences sont necessaires pour inventer plusieurs choses utiles à nostre vie, ou pour les perfectionner, comme la science de la Navigation, l'Architecture, les Lunettes d'approche, & plusieurs autres choses qui sont déja en usage, ou qui restent à inventer ; d'où il s'ensuit que ceux qui font profession d'instruire les autres, doivent sçavoir de necessité ces sciences intellectuelles, du moins leurs propositions les plus importantes, & qui sont le fondement des autres.

Nous diviserons ce second discours en trois articles ; dans le premier, on donnera des regles pour trouver les principes qui pourront servir à la preuve des propositions intellectuelles ; dans le second, on en donnera pour les principes des propositions sensibles ; & dans le troisiéme, pour les principes des propositions morales.

ARTICLE PREMIER.

De la Methode, pour trouver les principes des propositions intellectuelles.

Les propositions de Geometrie & d'Arithmetique sont des propositions intellectuelles, dont nous formons les objets par cette operation de l'esprit qu'on appelle abstraction ou separation; comme lorsque nous considerons la grandeur & la figure sans les sujets où elles sont; les mouvemens sans les choses meuës; les nombres sans les choses nombrées; une longueur sans largeur, qu'on appelle une ligne, que nous concevons aussi comme l'extremité d'une surface, sans penetrer dans la surface; de mesme que nous concevons le point comme l'extremité d'une ligne, sans penetrer dans la ligne, & les surfaces comme les extremités des corps, sans penetrer dans les corps: & ensuite nous concevons des lignes droites, des surfaces planes, des cubes, des spheres, &c.

Nos ſens ne peuvent diſcerner ces objets avec exactitude, & nous ne pouvons nous en former une idée ou image exacte ; mais ſeulement nous pouvons les enoncer, & les ſuppoſer comme nous les enonçons.

Les autres propoſitions intellectuelles qu'on appelle ordinairement de Metaphyſique ou ſurnaturelles, ont divers objets, comme l'eſtre en general, la premiere cauſe de l'eſtre, les idées des choſes, les poſſibilités intellectuelles, l'infiny, &c.

Les propoſitions de Geometrie & d'Arithmetique ſont, ou des verités premieres que l'on reçoit ſans difficulté par le ſecond principe : ou elles ont beſoin de preuve ; & pour les prouver, il faut chercher ſous quels principes elles ſont compriſes, ſoient premiers ou ſeconds ; leſquels on pourra diſcerner s'ils ſe preſentent à l'eſprit, par la faculté naturelle que nous avons de connoître les connexités des propoſitions entr'elles, & de faire de bons raiſonnemens, comme il a eſté remarqué dans le quatriéme principe ; laquelle faculté ſe perfectionnera par l'uſage des raiſonnemens, & par la connoiſſance des regles ſuivantes.

Il y a des principes ſpeculatifs intellectuels; comme, *les choſes égales à une autre, ſont égales entr'elles* : il y en a d'autres pour les conſtructions des figures. Ces derniers ne ſe demontrent point, non plus que les premiers; mais ils s'établiſſent par la demande qu'on fait que leur poſſibilité ſoit accordée; comme, *que l'on puiſſe tirer une ligne droite d'un point à un autre point: que l'on puiſſe décrire un cercle, &c.* l'on demande qu'on les accorde, parce qu'on peut les conteſter, & meſme les nier, à cauſe que nos ſens ne peuvent connoître ſi une ligne eſt parfaitement droite, & que nous ne pouvons diſcerner, ny meſme tracer une ligne ſans courbure & ſans largeur. &c. mais comme nous croyons ces choſes eſtre poſſibles intellectuellement, & que ce n'eſt que par le defaut de nos ſens & de la matiere, qu'on ne peut les décrire ſenſiblement; on les accorde eſtre poſſibles intellectuellement, ſans pretendre de les faire reellement, ſinon à peu pres; & ces demandes accordées, ſervent de principes.

On peut icy remarquer qu'Euclide n'a pas prouvé exactement sa premiere proposition; car il n'a pas demandé qu'on puisse décrire un cercle en un plan donné; ce qui est necessaire pour faire que les circonferences de deux cercles s'entrecoupent. On peut dire aussi que les Geometres ont tort de faire scrupule d'admettre en un plan la possibilité des lignes qui se forment par des mouvemens composés, ou par des sections de cones, cõme les Conchoïdes, les Ellipses, &c. car intellectuellement elles ne sont pas moins possibles que les circonferences des cercles, & que les lignes droites; & sensiblemẽt les unes & les autres sont impossibles, ou du moins leur exactitude ne peut estre discernée.

On peut aussi faire des demandes pour servir de principes speculatifs, quand ce que l'on demande d'estre accordé, n'est pas aussi clair & évident que les verités premieres intellectuelles, & qu'il est difficile de le prouver par elles, pourveu qu'il ait beaucoup d'évidence, & qu'il soit necessaire pour la preuve de plusieurs autres propositions, comme les trois demandes qui sont au commencement de la premiere Partie de ce Traité. Archimede dans ses Mecaniques employe plusieurs demandes de cette nature, comme, *les poids égaux en distances inégales, pesent inégalement*.

Les regles qu'il faut suivre pour les demandes sont, qu'elles ne soient pas tres-claires, car on les proposeroit comme des axiomes ou verités premieres; qu'elles soient necessaires pour la preuve de ce qu'on entreprend de prouver, & qu'elles ne puissent estre demontrées, ou du moins que la demonstration en soit tres-difficile ou tres-obscure; mais tout ce qui est tres-clair de soy-mesme, ou qui peut estre assez facilement prouvé, ne doit pas estre demandé. C'est par cette raison qu'Euclide n'a pas dû faire des demandes de sa seconde proposition ny de sa troisiéme: Quelques-uns luy objectent mal à propos qu'il a pris pour axiome, ou commune sentence, le principe dont il se sert pour les lignes paralleles; car selon Proclus, il l'a mis au nombre des demandes, aussi-bien que cet autre; *Tous les angles droits sont égaux entr'eux*: & le mesme Proclus assure que cette derniere proposition est donnée pour exemple de demande par Ariſtote.

On peut dire pourtant de celle qui ſert à établir les lignes paralleles, qu'elle eſt defectueuſe, parce qu'on n'a pas appris par les principes & par les definitions qui la precedent, quelle conſequence on peut tirer de ce que deux angles ſont moindres que deux angles droits.

Quelques-uns ont dit que les definitions eſtoient les ſeuls principes, & que les axiomes meſmes ou verités premieres ſe devoient prouver par les definitions; comme celle cy, *le tout eſt plus grand qu'une de ſes parties*, devoit eſtre prouvée par les definitions de Tout, de Plus grand, de Parties, &c. A quoy on peut répondre qu'il n'eſt pas neceſſaire de definir les noms qui ſont tres-connus, comme il a eſté dit cy-devant: & que quand il y auroit un nom obſcur dans une propoſition, la definition qu'on en feroit ne contribuëroit rien ny à la verité, ny à la fauſſeté de la propoſition; mais ſeulement à faire entendre ſa ſignification: ce qui eſt évident, puiſque les noms ſont arbitraires, & que la verité des propoſitions ne dépend pas de nostre volonté ; & qu'encore qu'on n'eust jamais imposé de noms aux choses, on ne laisseroit pas de connoître certainement qu'une chose entiere qu'on verroit, excederoit chacune de ses parties ; & de mesme à l'égard des autres verités premieres. Mais si la question est du nom ; comme, si l'on propose une ligne qui ait les proprietés qu'Euclide attribuë à une ligne qu'il appelle binome, & qu'on nie que ce soit un binome : alors la definition sert de principe, mais non de premier principe : car si l'on nie qu'Euclide ait donné cette definition, le premier principe est de la faire lire dans son Livre des Elemens : De mesme, si l'on nie qu'une anemone s'appelle une anemone ; le premier principe sera de le faire dire à plusieurs Jardiniers. Par ce moyen on finira les disputes, où il s'agit seulement du nom, en le prouvant par la definition, & la definition par l'induction.

Quelques-uns ont dit qu'il faut prouver les principes par d'autres principes, quand ils ont quelque connexité entr'eux, quoy qu'ils soient également clairs : ce qui seroit absurde & inutile ; car il ne faut pas prouver ce qui n'a pas besoin de preuve, de mesme qu'il ne faut pas chercher le moyen de voir ce qu'on voit déja : & encore qu'il y ait de la connexité entre deux principes, ensorte que si l'un ou l'autre estoit faux, l'autre le seroit aussi ; il ne s'ensuit pas qu'il soit necessaire de les prouver l'un par l'autre.

Pour les autres principes speculatifs qui servent à prouver les propositions qui ne sont pas du nom ; l'on ne peut donner des regles certaines pour les trouver, non plus que pour faire infailliblement de beaux Vers sur un sujet donné ; car l'un & l'autre dépend principalement de l'adresse de l'esprit de celuy qui les cherche, & d'une rencontre de laquelle on ne peut estre asseuré. Voicy une methode qu'on peut observer.

Celuy qui entreprend de trouver les principes qui peuvent servir à prouver une proposition de Geometrie, doit sçavoir plusieurs de ces principes ; & si la proposition en dépend immediatement, ou qu'elle n'en soit pas éloignée, il pourra découvrir les principes ou les propositions immediates, qui peuvent servir à sa preuve avec assez de facilité : Comme, si on propose de prouver qu'une ligne droite come BD tombant sur une autre, comme AC, fait les angles de part & d'autre droits ou égaux à deux angles droits ; si l'on sçait cette definition, *Lors qu'une ligne droite tombant sur une autre, fait les angles de part & d'autre égaux, on les appelle droits* ; & qu'on sçache aussi ce principe, *Les choses qui conviennent & s'ajustent precisément entr'elles, sont égales* ; on pourra s'appercevoir que si DB n'est pas perpendiculaire à AC, & que DE le soit, les angles de part & d'autre EDA, EDC seront droits, selon la definition ; & que puisque les deux angles BDA, BDC pris ensemble, conviennent avec les deux droits EDA, EDC joints ensemble, ils leur seront égaux. Ainsi cette definition des angles droits, & ce principe, *Les choses qui conviennent entr'elles, & s'ajustent precisément l'une à l'autre, sont égales*, serviront pour la preuve de cette proposition.

Figure 1.

Que si on demande la preuve de cette propoſition ; *lorſque deux lignes droites, comme AB, CD s'entrecoupent au point E, les angles oppoſez AED, CEB ſont égaux* ; On pourra voir, ſi l'on conſidere la propoſition precedente, que CE tombant ſur AB, fait les angles CEA, CEB pris enſemble, égaux à deux angles droits ; & que par la meſme raiſon, AE tombant ſur DC, fait les angles AED, AEC égaux à deux droits : & qu'ainſi ces deux derniers pris enſemble, ſont égaux aux deux premiers pris enſemble. Que ſi l'on ſçait le principe, *ſi de choſes égales on oſte des choſes égales, les reſtes ſont égaux*. On pourra connoître que ſi des angles CEA, CEB, & des deux CEA, AED, on oſte l'angle commun CEA, les reſtans CEB, AED ſeront égaux ; & que ce principe & la propoſition precedente pourront ſervir pour le prouver. Fig. 2.

Mais ſi les propoſitions ſont difficiles à prouver, & qu'on ait de la peine à découvrir quelque connexité entr'elles & les principes premiers ou ſeconds ; il faudra tirer une ou pluſieurs nouvelles lignes dans la figure, qui pourront servir de moyen pour comparer les autres entr'elles. Comme, si ayant proposé le demi-cercle ACB, & ayant tiré à la circonference les deux lignes AC, BC, on demandoit si l'angle ACB est droit ou non; il seroit tres-difficile de le juger, sans tirer quelque autre ligne du centre D à la circonference ACB, comme la ligne DC : mais estant tirée, si l'on sçait que les lignes tirées du centre à la circonference d'un cercle, sont égales entr'elles; on pourra voir que les trois lignes DC, DA, DB sont égales : & si l'on sçait qu'aux triangles qui ont deux costés égaux, les angles sur la base sont égaux; on jugera facilement que les angles DCA, DAC sur la base AC, sont égaux; & que par la mesme raison, l'angle BCD est égal à l'angle CBD. On pourra juger ensuite que les deux angles au point C sont égaux ensemble aux deux A & B : & si l'on sçait que les trois angles d'un triangle pris ensemble, sont égaux à deux angles droits; on pourra connoître que l'angle ACB sera droit, puis qu'il est la moitié des trois angles du triangle ACB; & que ces deux propositions

Fig. 3.

pourront servir à le prouver : ce qu'on n'auroit pû découvrir, si on n'avoit tiré la ligne CD, & si on n'avoit sceu ces principes & ces propositions.

Il faut donc, ou par des lignes paralleles, ou par des perpendiculaires, ou par des cercles, &c. tâcher de découvrir quelque connexité de la proposition avec ce qui nous est connû : & souvent on pourra y réüssir, pourveu (comme il a esté dit) qu'on ait la connoissance de plusieurs principes receus, & de plusieurs propositions prouvées, & quelque usage du raisonnement ; ou même l'adresse d'inventer de nouveaux principes, si ceux qui sont connus & receus ne suffisent pas. Mais il est tres-difficile d'enseigner par quelles lignes ou par quelles figures, on en pourra venir à bout ; ny mesme les lignes étant tirées, de donner une methode infaillible pour voir les consequences & la connexité de ce qui est proposé, avec les principes. C'est pourquoy Pythagore, à ce qu'on dit, fit un sacrifice aux Muses, pour avoir trouvé la demonstration d'une proposition, en tirant de certaines lignes ; reconnoissant que ce n'estoit pas l'effet d'une science infaillible, mais de quelque sorte d'inspiration divine ; de mesme que les anciens Poëtes rapportoient aux inspirations des Muses, l'invention de leurs belles Poësies.

Que si la question est en nombres, il faut prendre outre ceux qui sont proposez, un ou plusieurs autres nombres, qui puissent servir de moyen & de liaison pour prouver la proposition, de mesme qu'on prend des lignes nouvelles pour les propositions de Geometrie : & si l'on sçait beaucoup de principes touchant les nombres, & qu'on ait aussi l'adresse d'en inventer, on pourra souvent découvrir ceux qui pourront servir à la preuve de la question.

Pour inventer facilement des Theoremes en nombres, on peut se servir de la methode suivante. Il faut remarquer quelque proprieté par induction entre quelques nombres qui se trouve aussi entre d'autres ; par où l'on pourra conjecturer que cette proprieté s'étendra à tous les nombres de cette nature : comme si on a remarqué qu'entre les deux quarrés 4 & 9, il y a le nombre 6, qui est les deux tiers de 9, de mesme que 4 est les deux tiers de 6; & qu'entre les quarrés 9 & 16, il y a 12 qui est les $\frac{3}{4}$ de 16, de mesme que 9 est les $\frac{3}{4}$ de 12; on pourra conjecturer qu'il y aura toûjours entre deux nombres quarrés un moyen proportionnel, & que ce moyen proportionnel sera le produit des racines des deux quarrés: puisque 6. est le produit de 2 & 3; & que 12 l'est de 3 & 4 Ayant encore trouvé une semblable proprieté entre quelques autres quarrés, on aura une opinion vray-semblable qu'entre deux quarrés il y a toûjours un moyen proportionnel, dont on cherchera ensuite la demonstration.

Quelques-uns ont dit que les choses estoient bien prouvées, quand elles estoient prouvées par leurs causes; ce qui est vray à l'égard des choses naturelles: mais à l'égard des propositions de Geometrie, ou des autres sciences intellectuelles, il n'est pas necessaire de prouver pourquoy la chose est ainsi, mais seulement qu'elle est ainsi : comme dans la derniere figure cy-dessus, ce n'est pas la ligne CD qui est cause que l'angle ACB est droit ; mais elle sert de moyen pour le faire connoître, & la demonstration ne laisse pas d'estre tres-évidente. Les principes mesmes ou les verités premieres, ne sont pas les causes des autres verités ; mais elles les font connoître : Ce seroit aussi en vain qu'on voudroit prouver l'existence d'une premiere cause par ses causes, puis qu'elle n'en a point.

Pour trouver la solution des Problemes de Geometrie, & les principes qui servent à les construire & à les prouver ; il y a une methode que les Anciens appelloiét Analyse, qui est de les supposer faits comme on les demande, & d'examiner ensuite les liaisons & les consequences de cette supposition, jusques à ce qu'on arrive à une chose qui nous soit connuë, & qu'on puisse faire ; & cette derniere chose sera le moyen & le principe par lequel on parviendra à la solution de ce qui sera proposé.

Exemple.

On propoſe de former ſur la ligne Fig. 4. AB un triangle équilateral, c'eſt à dire, qui ait les trois coſtés égaux. Il faut le ſuppoſer fait ; c'eſt à dire, qu'il faut tirer deux autres lignes à un point comme C, par exemple, A C, BC, les ſuppoſant égales entr'elles, & à AB ; car cela eſtant, le triangle ſeroit équilateral : Or ſi l'on ſçait que toutes les lignes tirées d'un meſme centre à une meſme circonference, ſont égales ; & qu'on demeure d'accord qu'on puiſſe faire un cercle du point B, comme centre, & du demi-diametre BA ; on pourra juger que ſi on le fait, ſa circonference paſſera par le point C. Par la meſme raiſon, ſi on fait un autre cercle de meſme grandeur, dont le centre ſoit A, ſa circonference paſſera auſſi par le point C ; autrement les lignes BA, BC, & AB, AC ne ſeroient pas égales : Ainſi les deux cercles ſe couperont en C. Or cela eſtant certain, & la façon dont on peut décrire ces cercles nous eſtant connuë, on jugera que, si sans avoir tiré les deux lignes, ny pris le point C, on fait deûx cercles des deux extremités A & B comme centres,&de l'intervale AP;&que du point où les circonferences s'entrecouperont comme C, on tire deux lignes aux extremités A & B; chacune de ces lignes sera égale à AB; & que la definition du cercle,& la description des deux, ACD, BCE,serõt les principes de la preuve de l'égalité des deux lignes AC,CB avec AB: & l'on pourra juger que les lignes AC, CB sont égales entr'elles, puisque l'une & l'autre est égale à AB, si l'on sçait ce principe: *Les choses égales à un autre, sont égales entr'elles*; & ce principe servira pour le prouver: d'où l'on connoîtra que le triangle est équilateral.

On appelle Synthese ou composition, la construction de la figure, & le raisonnement qui se fait ensuite de l'analyse. On peut, si l'on veut, appeller toute l'operation, Analyse; & alors elle aura trois parties; la Zetetique, ou recherche de ce qui peut estre connû; la construction de la figure; & la demonstration.

Que si l'on trouve qu'il y ait quelque liaison & connexité de ce qu'on suppose fait, avec une fausseté premiere ; le Probleme sera impossible, & on le prouvera impossible par cette fausseté.

Lorsque les Problemes sont éloignez des premiers principes, ils sont beaucoup plus difficiles : Neantmoins par la mesme methode, on peut souvent trouver leur solutiõ, en tirant des lignes nouvelles, &c. Il y en a des exemples dans les Livres de Geometrie.

Pour les Problemes des nombres ; comme, *trouver un nombre quarré égal à la somme de deux autres nombres quarrés* ; on suppose que les nombres que l'on cherche sont trouvez, & on les marque par des lettres, suivant la methode expliquée cy-devant, tant les connûs que les inconnûs, du moins les inconnûs. On en fait ensuite l'analyse, c'est à dire, on en considere les consequences jusques à ce qu'on parvienne à une chose qui soit connuë, par le moyen de laquelle on donnera la solution du Probleme avec assez de facilité.

On peut encore se servir pour la solution des Problemes en nombres, de la methode qui a esté expliquée pour les Theoremes ; qui est de remarquer quelque proprieté en quelques nōbres, par laquelle on puisse resoudre ce qui est proposé : Comme, si on sçait que lorsque le quarré d'un nombre est égal à la somme des quarrés de deux autres nombres, ces trois nombres s'appellent un triangle rectangle en nombres ; & qu'on propose pour probleme de trouver un certain nombre de ces triangles rectangles, comme quatre ou cinq, &c. Aprés avoir trouvé par hazard ou autrement un de ces triangles, comme 3, 4, 5 : car 25 quarré de 5, est égal à 16 & 9 ensemble, qui sont les quarrés de 4 & de 3 : on pourra remarquer que le plus grand nombre 5 est composé de deux quarrés, sçavoir 4 & 1, dont 2 & 1 sont les racines ; que 3 est la difference de ces mesmes quarrés ; & que le troisiéme nombre 4 est le double du produit de ces deux racines 1 & 2. Ensuite de cette remarque, on pourra prendre deux autres nombres, comme 3 & 2 ; & aprés avoir consideré que 13 est la somme des quarrés de ces deux nombres, & que 5 est la difference des mesmes quarrés, on verra que si on ôte de 169 quarré de 13, 25 quarré de 5, il restera 144, qui est aussi un nombre quarré, dont la racine est 12; & par consequent que 13, 12, & 5. soit un triangle rectangle en nombres, & que 12 est le double du produit des racines 2 & 3. On fera encore de semblables remarques en deux autres nombres comme 2 & 5; & l'on trouvera que 29 somme de leurs quarrés, 21 difference des mesmes quarrés, & 20 double de leur produit, est aussi un triangle rectangle; car le quarré de 29, qui est 841, est égal à la sõme de 400. & de 441 quarrés de 20 & de 21: d'où l'on pourra conjecturer que cette regle est generale, & que par son moyen on trouvera tant de triangles rectangles qu'on voudra. On cherchera ensuite les principes, pour faire la demonstration de cette regle.

De mesme, si l'on remarque qu'aux triangles 3, 4, 5; & 20, 21, 29, les deux moindres costés ont l'unité pour difference ;& qu'on propose de trouver une regle pour faire d'autres triangles rectangles à l'infiny, qui ayent la mesme proprieté ; on pourra considerer le rapport qu'ont les deux nombres 2 & 5, qui servent à faire le triangle 20, 21, 29, aux deux 1 & 2, qui servent à faire le triangle 3, 4, 5 ; & on pourra prendre garde que le plus grand des deux nombres 1 & 2, est égal au moindre des deux autres 2 & 5 ; & que 5 est égal à la somme des deux 1 & 2, plus le mesme nombre 2. Ensuite on pourra prendre suivant la mesme regle 5 & 12, le moindre desquels est égal au plus grand des deux 2 & 5, & 12 est égal à la somme des mesmes 2 & 5, plus le mesme nombre 5. Aprés avoir fait par le moyen de ces deux nombres 5 & 12, suivant la regle cy-dessus, le triangle 169, 120, 119, & avoir remarqué que les deux moindres costés 120 & 119, ont aussi l'unité pour difference : on aura une opinion vray-semblable que cette progression s'étend à l'infiny. On prendra ensuite d'autres nombres selon la mesme progression, comme 12 & 29, 29 & 70, 70 & 169.

169 & 408, &c. & si l'on remarque que ces nombres pris de deux en deux, servent à faire des triangles rectangles qui ont encore cette proprieté, sçavoir que leurs deux moindres costés ont l'unité pour difference ; on cherchera les principes pour faire la demonstration de cette regle, suivant ce qui a esté enseigné cy-devant : Et si on les trouve, & que par leur moyen on puisse prouver l'infaillibilité de cette regle, on aura trouvé la solution du Probleme.

On pourra encore remarquer que dans le triangle 13, 12, & 5, qui est fait par 2 & 3, le nombre 7 est la difference des deux costés ; & que 3 & 8 qui viennent de 2 & 3, suivant la mesme regle de progression, font le triangle 73, 55, 48, qui a le mesme nombre 7, pour la difference de ses deux moindres costés ; & que la mesme proprieté se trouve dans plusieurs autres nombres de la mesme progression, comme 8, 19 ; 19, 46. &c. d'où l'on pourra conjecturer que cette regle est universelle ; c'est à dire, que si l'on prend deux nombres quels qu'ils soient, dont on fasse une progression selon la regle cy-dessus ; la mesme difference qui se trouvera entre les deux moindres costés du triangle qui sera fait par les deux premiers nombres de la progression, se trouvera aussi entre les deux moindres costés de tous les autres triangles faits par deux autres nombres de la même progressiõ. Et aprés qu'on aura remarqué cette proprieté par plusieurs autres exemples, & mesmes que dans la suite de ces triangles, les costés qui sont la difference des deux quarrés, surpassent, & sont surpassez alternativement par les autres côtés; on cherchera les principes pour en faire une demonstration universelle. Cette methode est fort utile pour trouver plusieurs proprietés admirables & surprenantes dans les nombres, qu'on pourra proposer comme des Theoremes, ou comme des Problemes; mais parce que le plus souvent, ce ne sont que de vaines curiosités, il ne faut pas beaucoup s'y arrêter.

Il y a encore une autre methode fort commode pour trouver la solution des Problemes, tant d'Arithmetique que de Geometrie, mesmes des plus difficiles:

les : on l'appelle vulgairement Algebre ou Analyse algebrique. Elle consiste principalement en deux choses.

La premiere est, que pour exprimer la plûpart des raisonnemens, & des operations qu'il faut faire pour parvenir à la solution des questions, on se sert outre les lettres de l'Alphabet, & les caracteres de l'Arithmetique commune, de plusieurs autres notes & caracteres ; comme † pour signifier plus, — pour signifier moins : $A^2, A^3. A^4$, pour signifier A quarré, A cube, A quarré quarré. AB, pour signifier le produit de A par B. $\frac{A}{B}$ pour signifier le quotient de A, divisé par B : ⩦ pour signifier égalité, comme A ⩦ B — C signifie A égal à B, moins C : & pour signifier que deux grandeurs ont entre elles un même rapport que deux autres, on les note ainsi A ꞁ B ꞁꞁ C ꞁ D, ce qui donne à connoître que A a un mesme rapport à B, que C à D, &c.

La seconde & la plus importante est, qu'aprés avoir exprimé par quelques-unes de ces notes ou par quelques autres, les grandeurs connuës & inconnuës, qui peuvent servir à resoudre le Probleme; on le suppose fait, comme en l'Analyse dont il est parlé cy-devant, & l'on en tire des consequences, en comparant ensemble les grandeurs exprimées par ces diverses notes, en considerant les rapports qu'elles ont les unes avec les autres, en les ajoûtant ensemble, ou en les ôtant les unes des autres, &c. selon les conditions de la question, jusques à ce qu'on trouve une égalité entre deux grandeurs exprimées diversement, dont l'une soit l'inconnuë, ou son quarré, ou son cube, &c. & l'autre, celle qui est connuë, ou sa moitié, &c. par le moyen de laquelle égalité, & de certaines regles que cette methode enseigne, on découvre quelle est cette grandeur inconnuë, & l'on resout ensuite le Probleme.

Les principes dont on se sert le plus ordinairement en algebre, sont les quatre suivans. *Si de choses égales, on oste des choses égales, les restes sont égaux : Si à des choses égales on ajoûte des choses égales, les tous sont égaux : Les produits des grandeurs égales multipliées par un meſme nombre, ſont égaux : Les quotiens des grandeurs égales diviſées par un meſme nombre, ſont égaux.*

Exemples de l'Analyſe algebrique.

PREMIER EXEMPLE.

ON demande deux nombres tels que le moindre eſtant ajoûté à 10, la ſomme ſoit égale au plus grand; & le meſme nombre 10 eſtant ajoûté au plus grand, la ſomme ſoit triple du moindre.

Pour reſoudre cette queſtion ou Probleme, on pourra poſer une lettre comme A, pour le moindre nombre, & y ajoûtant 10, la ſomme ſera A plus 10, qu'on note ainſi A † 10 : & parce que ſuivant la premiere condition du Probleme, cette ſomme doit eſtre égale au plus grand des deux nombres, on pourra conclure que ce plus grand nombre ſera A † 10. Si on luy ajoûte 10, la ſomme ſera A † 20, qui doit eſtre triple du moindre nombre A, &

par consequent égale à 3 A : d'où l'on pourra connoître qu'il y aura égalité entre 3 A, & A † 20 ; & qu'ôtant un A de part & d'autre, les restes 2 A, & 20, seront encore égaux : enfin l'on pourra juger qu'il y a égalité entre leurs moitiés A & 10, & que le nombre qu'on avoit posé estre A, est 10, ce qui resout la question ; car l'autre nombre qu'on avoit trouvé estre A † 10, sera 20, & ces deux nombres 10 & 20, satisfont au Probleme.

On peut trouver la solution de ce Probleme, & de quelques autres semblables par la simple analyse, en ne se servant point de la note †, ny d'aucune autre, à la reserve des lettres de l'Alphabet, & des caracteres de l'Arithmetique commune : mais pour en trouver la solution par la pure Analyse algebrique, il faut, aulieu d'exprimer le raisonnemēt par de longs discours, y employer plusieurs notes algebriques ; ce qu'on n'a point observé exactement dans cet exemple, ny dans les suivans, de crainte d'estre trop obscur.

Autre exemple de l'Analyſe algebrique.

ON demande deux nombres, dont la ſomme & le produit ſoient des nombres égaux.

On peut reſoudre ce Probleme par deux manieres ; la premiere eſt de poſer une lettre comme A, pour un des nombres ; & pour l'autre, quelque nombre comme 4 : la ſeconde eſt de poſer une lettre pour chaque nombre.

Par la premiere maniere on pourra raiſonner ainſi. Soit 4 l'un des nombres, & A l'autre : donc ſuivant la condition du Probleme, leur produit 4 A ſera égal à leur ſomme 4 † A : & ſi l'on ôte de part & d'autre un A, il y aura encore égalité entre les reſtes 3 A & 4 : donc le nombre qu'on a poſé A ſera $\frac{4}{3}$ qui eſt le quotient de 4 diviſé par 3. Par conſequent les deux nombres cherchez ſont 4 & $\frac{4}{3}$ qui ſatis font à la queſtion.

Par l'autre maniere, on pourra raiſonner ainſi. Soient A & B, les deux nombres ; donc leur produit AB ſera égal à leur ſomme A + B : & ſi on les diviſe par B, il y aura encore égalité entre la fraction $\frac{A+B}{B}$ & A. (A eſt le quotient de AB diviſé par B,) mais $\frac{B}{B}$ eſt égal à l'unité, comme $\frac{3}{3}$ ou $\frac{4}{4}$ donc au lieu de mettre $\frac{A+A}{B}$ on peut mettre $\frac{A}{B}+1$, qui ſera auſſi égal à A ; & oſtant l'unité de part & d'autre, $A-1 = \frac{A}{B}$; & les multipliant tous deux par B, les produits AB — 1B, & A ſeront encore égaux. (A eſt le produit de $\frac{A}{B}$ par B, comme 3 eſt le produit de $\frac{3}{4}$ par 4,) & ſi l'on diviſe ces deux produits par A — 1, les quotiens B & $\frac{A}{A-1}$ ſeront égaux, & par cette raiſon l'on mettra $\frac{A}{A-1}$ au lieu de B ; ce qui pourra faire connoître que la question sera resoluë; car les deux nombres qu'on avoit notez A & B estant reduits à A & $\frac{A}{A-1}$ on verra facilement que quelque nombre qu'on prenne pour A comme 6; A — 1 sera 5, & $\frac{A}{A-1}$ sera $\frac{6}{5}$: & que si A est 2, les deux nombres seront 2 & $\frac{2}{1}$, dont le dernier vaut aussi 2, & que ces nombres satisfont à la question; (de mesme que 3 & $\frac{3}{2}$ 4 & $\frac{4}{3}$) & ainsi à l'infiny, en prenant tel nombre qu'on voudra pour A; & par consequent que la solution de ce Probleme sera universelle.

Exemple d'un Probleme de Geometrie.

UNe ligne estant donnée comme AB, on demande qu'on la divise en deux parties inégales comme au Fig. 5. point C, en sorte que cette ligne étant continuée directement en BD, & BD estant égale à BC, le quarré de la partie AC, soit égal au rectangle ou produit de la partie BC, & de la toute AD.

Pour resoudre ce Probleme, on peut poser la lettre a pour la ligne donnée AB, & b pour BC, ou BD; & supposant que C est le point qu'on cherche; pour ne pas mettre trop de lettres differentes, on notera AC par $a-b$, & AD par $a+b$, & l'on pourra raisonner ainsi: le quarré de $a-b$ selon le calcul algebrique, est a^2+b^2-2ab, & le rectangle de $a+b$ par b, est $b2+ab$: donc suivant la condition du Probleme, il y a égalité entre ces deux grandeurs: & si on oste b^2 de part & d'autre, il y aura égalité entre a^2-2ab, & ab, & ajoûtant $2ab$ de part &

d'autre, il y aura encore égalité entre a^2 & $3ab$; & par cette égalité, on pourra remarquer qu'il est necessaire que $3a$ soit à a, comme a est à b, si on sçait que lorsque trois grandeurs sont continuellement proportionnelles, le quarré de la moyenne est égal au rectangle des deux extrémes, puisque le produit des deux extremes $3a$ & b est égal au quarré de la moyenne a; & l'on conclura que comme $3a$ est triple de a, a doit estre triple de b; d'où l'on pourra juger que si l'on prend le tiers de la ligne donnée AB, qu'on a notée par la lettre a, & que BC soit ce tiers, on aura trouvé le point requis qui est C, & qu'on aura satisfait à l'Analyse du Probleme, dont on pourra donner ensuite la Synthese ou composition, c'est à dire la construction & la demonstration, si on sçait les premiers Elemens de Geometrie,

Quelques-uns appellent Algebre numerique, celle où l'on se sert des caracteres des nombres comme 3, 4, 5, &c. & Algebre specieuse, celle où l'on se sert seulement des lettres de l'Alphabet, & de quelques autres notes, pour exprimer les grandeurs connuës & inconnuës : mais cette distinction n'est pas necessaire ; car on peut se servir indifferemment de toutes les notes qui sont les plus commodes, comme on le peut juger par le premier exemple : car si on avoit mis une lettre comme B aulieu du nombre 10, l'operation auroit esté plus longue & plus obscure. On voit aussi dans le troisiéme Probleme, qu'encore qu'il soit de Geometrie, & qu'on ait mis des lettres pour les grandeurs connuës & inconnuës, on n'a pas laissé de se servir du nombre 3. Tout ce qu'on peut observer, est de ne point poser un nombre determiné pour un nombre inconnû ; car il arriveroit souvent que ce seroit une fausse position, par laquelle on ne pourroit resoudre le Probleme : aulieu que posant des lettres, on ne pose jamais rien de faux.

On voit dans Diophante & dans d'autres Autheurs, beaucoup d'exemples de ces fausses positions, qui ne sont pas pourtant inutiles ; car elles leur servent ensuite à connoître quels nombres ou lettres ils doivent poser dans la seconde operation. On peut remarquer aussi que la premiere maniere du second Probleme cy-dessus, où l'on a posé 4 pour un nombre inconnû, donne une solution plus courte & plus aisée que la deuxiéme maniere, où l'on a posé A & B pour les deux nombres; mais cette derniere est plus belle, & donne une solution universelle.

Il y a un defaut en cette methode, qui est qu'on ne sçait pas bien quand il faut multiplier ou diviser les grandeurs, ny par quelle quantité on les doit multiplier ou diviser, & que ce n'est que par conjecture qu'on le découvre; mais l'usage facilite ces operations, & l'on rencontre assez souvent la plus courte voye.

Il est à remarquer que la plûpart des operations de l'Algebre sont fondées sur des propositions de Geometrie & d'Arithmetique; & que par consequent on ne peut pas demontrer par ces operations, les mesmes propositions qui leur ont servy de preuve; car on contreviendroit au principe 8. En voicy un exemple. On trouve par le calcul de l'Algebre, que le quarré de $A - B$ est $A^2 + B^2 - 2AB$, & l'on prend dans ce calcul B^2, pour le produit de $-B$ par $-B$, c'est à dire de moins B par moins B, ce qui est fort surprenant; car il paroît d'abord que ce produit devroit estre plûtôt $-B^2$ que $+B^2$. Quelques-uns disent que cela procede, de ce que deux negations valent une affirmation; mais c'est une Regle de Grammaire, qui est mesme fausse dans la Grammaire Françoise; & dans ce calcul, on ne nie point, mais on multiplie. D'autres disent, que moins moins vaut autant que plus plus; ce qui est inconcevable, bien loin d'estre clair & évident. Il est donc necessaire de prouver la bonté de cette operation, puis qu'elle ne s'établit pas d'elle-mesme. La preuve s'en fait par la septiéme du second des Elemens d'Euclide, où il est demontré que si une ligne est divisée en deux parties, le quarré de la ligne entiere, plus le quarré d'une des parties, est égal au quarré de l'autre partie, plus deux fois le rectangle de la toute par la partie premierement prise: car il est facile de connoître par cette proposition, que si A est la ligne entiere, & B une de ses parties, le quarré de l'autre partie qui est A — B, sera égal au quarré de la toute A, moins deux fois AB, plus le quarré de l'autre partie B; & que c'est la raison pour laquelle il faut prendre B^2 pour le produit de —B par —B; car en ostant deux fois AB du quarré de A, ce qui reste est moindre que le quarré de A — B, & la difference est le quarré de B, lequel par consequent y doit estre ajoûté; d'où il est évident qu'on ne doit pas entreprendre de prouver par ce calcul cette même proposition septiéme, puisque c'est par elle qu'on a étably la bonté de ce calcul.

Lorsque les Problemes tant de Geometrie que d'Arithmetique, sont fort difficiles; on employe encore d'autres notes & d'autres operations beaucoup plus malaisées à comprendre que celles dont on a donné des exemples; & l'on a beaucoup plus de peine à trouver les égalités, & à les resoudre. On en pourra voir des exẽples dãs plusieurs Livres qui traittent de cette Analyse algebrique; mais les difficultés qu'on trouvera à bien apprendre toutes les Regles de cette Methode, pourront faire douter si l'utilité n'est pas moindre que la peine, du moins dans les questions tres-difficiles qui sont ordinairement les plus inutiles.

Pour les autres propositions intelléctuelles qu'on appelle surnaturelles ou de Metaphysique, il est difficile d'y raisonner; car nous connoissons peu de principes qui y puissent servir, & nous ne pouvons former une idée exacte de l'infiny, de l'eternité, &c. mais seulement par quelque rapport aux choses sensibles & finies; & tout ce qu'on y peut observer, est de prendre garde que ce qu'on en dira, n'ait point de cõnexité avec des faussetés premieres.

ARTICLE II.

De la façon de trouver les principes pour les propositions sensibles.

LE premier principe & le plus universel pour les choses sensibles, est la seconde demande: car si l'on refuse de l'accorder, on ne peut plus rien assurer de ce qui tombe sous nos sens; & ce seroit en vain qu'on chercheroit les causes des choses naturelles, & les principes pour les prouver, si on croyoit qu'il n'y eût aucune chose naturelle. On a fait une demande de cette proposition, suivant la Regle expliquée en l'article precedent; parce qu'il est impossible ou tres-difficile de la demontrer, & parce que quelques Philosophes ont fait profession d'en douter. Les causes de leurs doutes estoient que lorsque nous dormons, il nous paroît souvent que nous faisons quelques actions, & que nous voyons beaucoup de choses differentes entr'elles, de la mesme maniere que quand nous sommes éveillez : d'où ils concluoient que, puis qu'on ne peut estre assuré s'il y a des objets reels dans quelques-unes de ces apparences plûtost que dans les autres ; & que ces apparences estant souvent contraires les unes aux autres, il y en a quelques-unes necessairement fausses ; il estoit impossible d'estre assuré qu'il y en eût aucunes de veritables.

La difficulté ou impossibilité de demontrer cette seconde demande, procede de ce que les principes sensibles n'y peuvent servir, puis qu'elle-méme est necessaire pour les établir:& de ce qu'on ne peut enoncer les principes intellectuels, comme, *le tout est plus grand qu'une de ses parties*, sans qu'on la suppose; puis qu'on ne doit parler affirmativement ny de tout, ny de parties, ny de grandeur, s'il n'y a aucune realité dans tout ce qui nous paroît: c'est pourquoy si un esprit contentieux soûtient que toutes nos apparences n'ont point d'objet reel, que nous n'avons aucun corps, &c. il ne faut plus disputer contre luy : car si mesme on luy mettoit la main dans le feu, il pourroit dire qu'il auroit l'apparence d'estre brûlé, & de souffrir la douleur de la brûlure; mais qu'il n'y auroit aucun objet reel de ces apparences. Et quand on luy objecteroit, qu'en soûtenant que cette demande ne doit pas estre accordée, il fait une action, & qu'il croit qu'elle a esté écrite ou enōcée par quelqu'un: il pourroit aussi dire qu'il en a eu seulement les apparences. Aussi n'est-ce pas par raisonnement, que nous croyons l'existence des choses qui nous paroissent ; mais parce que nous ſommes naturellement diſpoſez à croire leur exiſtence avec une tres-grande certitude, lors qu'elles nous paroiſſent, comme il a eſté dit en la ſoixante-huitiéme propoſition : & l'on n'a pas raiſon de conclure que toutes nos apparences ſoient fauſſes, parce qu'il y en a quelques-unes de fauſſes : mais on doit plûtoſt dire que nous n'aurions pas ces fauſſes apparences, ſi nous n'avions pas eu auparavant de veritables perceptions de quelques choſes reelles & reellement exiſtentes, dont l'impreſſion ſe renouvelle quelquefois en nous, en l'abſence des objets, & en dormant.

Il n'eſt pas neceſſaire de ſe mettre en peine de prouver cette ſeconde demande; puis qu'elle eſt receuë naturellement de tous les hommes avec une telle certitude, que ceux-meſmes qui la veulent nier, témoignent en la niant, qu'ils la croyent, tant par l'ardeur de leurs diſcours, que par d'autres marques qui font connoître qu'ils croyent parler & eſtre écoutez.

Il ne faut pas auſſi s'étonner de ce qu'en ſongeant, nous croyons que ce qui nous paroît a une existence reelle : puisque les songes estant une imitation des apparences des choses reelles ; il se fait aussi en songeant, un mouvement de creance de ces fausses apparences, semblable à celuy qu'on a eu des apparences des choses reelles, comme il a esté dit en la même proposition soixante-huitiéme : Enfin, si nous posons pour hypothese cette succession d'apparences du veiller & du dormir, dont les premieres ont des objets presens, & les autres non ; nous ne trouvons jamais rien qui contrevienne à cette hypothese, & par le principe cinquante-troisiéme, nous la devons recevoir ; puisque la posant pour veritable, nous pouvons rendre raison de nos apparences, & mesme en prévoir la plûpart.

Le second principe qu'il faut recevoir, & sans lequel on ne peut établir les sciences naturelles est le quarante-troisiéme; car les principes d'experience ne peuvent estre receus ; si l'on n'est assuré d'avoir fait les experiences, sur lesquelles ils sont fondez : & l'on ne peut estre assuré de les avoir faites, si l'on n'a des marques & des regles pour pouvoir faire distinction entre les apparences des songes, & les veritables perceptions des objets.

La Regle qu'on donne en ce quarante-troisiéme principe, pour faire cette distinction, est fondée sur ce que d'ordinaire les apparences que nous avons en songeant, sont incompatibles, & n'ont aucune liaison entr'elles; ce qui fait qu'on les rejette comme fausses, lors qu'on est éveillé: & les enfans qui au commencement croyent leurs songes, cessent de les croire aprés avoir remarqué plusieurs fois, que leurs apparences sont contraires à celles qu'ils ont estant éveillez, & qu'elles n'ont point de liaison entr'elles-mesmes.

On a mis cette proposition dans le rang de celles qui concernent la vraysemblance conformément à la proposition trente-sixiéme, parce qu'on ne peut sçavoir avec une certitude infaillible, s'il n'est pas possible, du moins intellectuellement, que les apparences de quelques-uns de nos songes durent long-temps, & qu'elles ayent une parfaite liaison entr'elles : car mesmes nous pouvons songer qu'on nous soûtient que nous dormons, & que nous nous éveillerons bien-tôt, de mesme qu'on peut nous le soûtenir lorsque nous sommes éveillez : d'où il s'ensuit que si l on. dit à un homme éveillé qu'il est en delire, ou qu'il fait un songe, il ne peut pas prouver avec une certitude invincible qu'il soit éveillé, & qu'il ait l'esprit bien disposé ; quoy qu'il le doive croire, si toutes les choses qu'il remarque sont selon la suite des causes & des effets naturels. Ainsi lors qu'il est nuit, & qu'il connoît les étoiles, leurs situations & leurs mouvemens, & qu'il voit ces choses de la maniere qu'elles doivent estre, qu'il voit tous les meubles qui doivent estre en une chambre dans leur disposition ordinaire, & ainsi de plusieurs autres objets ; il doit croire qu'il est éveillé, & que ces étoiles & ces meubles sont des choses reelles qui existent veritablement hors de luy ; & c'est la plus grande certitude que nous puissions avoir pour les choses sensibles.

Que si un esprit contentieux soûtient

que nous devons suspendre nostre jugement, & demeurer toûjours dans le doute, puis qu'on n'a pas une conviction entiere; on luy répondra que cette incertitude seroit tres-incommode, puis qu'il faudroit toûjours combattre nostre propre creance, & parler contre nostre sentiment naturel : & puisque dans nos songes mesmes, nous ne suspendons pas nostre jugement, du moins tres-rarement; nous le devons bien moins suspendre, quand nous croyons estre éveillez. Aussi n'en peut-il arriver aucun inconvenient; puisque si quelques-unes de ces apparences estoient des songes, nous cesserions de les croire lorsque nous serions éveillez.& nous ne nous en servirions point pour établir les sciences.

Nous avons encore une marque tres-considerable pour distinguer suffisammẽt les apparences des songes,de celles que nous avons estant éveillez; qui est qu'en nous éveillant, nous pouvons faire d'abord reflexion sur les fausses apparences que nous venons d'avoir, & en considerer le détail; mais quand il nous arrive de songer pendant la nuit, nous ne repassons pas dans nôtre pensée, ou du moins tres-rarement, le détail de ce qui nous a paru tout le jour, jusques au moment que nous nous sommes endormis : & par cette difference, nous devons juger que nous sommes veritablement éveillez, quand nous pouvons faire reflexion sur le détail de ce qui nous a paru pendant le temps de cinq ou six jours de suite.

La seconde demande, & le quarante-troisiéme principe estant accordés, il faut considerer si les propositions sensibles sont des verités premieres sensibles, ou non. Si elles sont des verités premieres sensibles, on les reçoit sans difficulté, selon les principes 13, 14, 15 ; comme la proposition, *le feu est chaud*, sera receuë pour vraye par ceux qui le touchent, dans le sens du principe quatorziéme. Mais si la substance ou la qualité ne tombe pas sous les sens, on tâchera de la prouver par induction, c'est à dire en la faisant tomber sous les sens, selon le principe neuviéme ; car par ce moyen, on fait que la question proposée, devient verité premiere sensible, & il ne faut point chercher d'autres principes pour la prouver. Que si la question est du nom, comme, sçavoir si l'effet que le feu fait en nous, s'appelle chaleur ; la definition sera le principe : & le premier principe sera de le demander aux autres hommes qui parlent ce langage, ce qui est aussi une preuve par induction ; & il suffira que plusieurs l'assurent, & qu'aucun ne le contredise. Que si l'on ne peut pas prouver une proposition sensible douteuse par induction, il faut chercher des principes qui puissent servir à sa preuve ; mais on ne peut donner des regles certaines & infaillibles pour les trouver. Voicy une methode dont on pourra se servir.

Si la question se fait pour l'execution de quelque chose qu'on ne puisse differer, on pourra se contenter des principes de vraysemblance depuis le quarante-troisiéme jusques au cinquante-troisiéme : car par exemple, il ne faut pas attendre qu'on ait decidé avec exactitude, lequel est le meilleur de tous les remedes pour un malade qu'il faut promptement guerir, avant que de luy en appliquer un ; parce que le mal pourroit s'augmenter pendant la dispute, & l'on contreviendroit au principe quatre-vingt-neuviéme : mais lors qu'on veut établir une science comme la Medecine, la Musique, &c. il faut que les principes dont on veut se servir, ayent une entiere certitude, du moins une tres-grande vraysemblance.

Les propositions qui peuvent servir de principes dans les choses sensibles, so t intellectuelles ou sensibles.

Les propositions intellectuelles servent à la preuve des sensibles, en les ajustant à la matiere par un retour, comme on a formé les objets intellectuels par abstraction. Ainsi pour rendre raison des effets de la veuë & de la lumiere, on prend pour principes les propositions de Geometrie concernant les angles, les cercles, les spheres, les sections coniques, & les autres figures selon qu'on juge qu'elles y peuvent servir : comme pour prouver pourquoy dans les miroirs plans, l'image paroît aussi enfoncée dans le miroir que l'objet en est éloigné ; on pourra décrire une figure, en laquelle une ligne com-
Fig. 6 me AB, representera le miroir, &

C

C & G, les deux yeux : aprés, on examinera la question par les maximes naturelles connuës, comme, *l'angle de reflexion des rayons est égal à celuy de leur incidence* : & supposant des angles égaux au point E, sçavoir DEA, CEB; & DHA, GHB, au point H, on pourra voir que le rayon DE se reflechira en EC, & le rayon DH en HG. Ensuite par le moyen de quelques autres maximes naturelles, ou principes d'experiences, si on les sçait, on pourra cōnoître que l'objet D paroîtra à l'œil qui est en C, dans la ligne CEF, & à l'autre œil qui est en G dans la ligne GHF; & par consequent qu'il paroîtra au point F où ces lignes se coupent: Et si l'on a appris les premieres propositions de Geometrie, on sçaura en tirant DAF perpendiculaire à EA, que AF, est égale à DA, & l'on jugera que l'on pourra se servir de ces principes de Geometrie & d'Optique, &c. pour le prouver, & que sans ces principes on n'en pourroit faire la preuve, ny rendre raison de cette apparence. On fera de mesme à l'égard de plusieurs autres propositions sensibles douteuses.

Les principes sensibles pour prouver les questions naturelles, sont les maximes naturelles fondées sur les experiences ou verités premieres sensibles, selon les principes 11, 12, 18, 49 & 50, comme, *les poids égaux en distances inégales, pesent inégalement. Les rayons qui passent obliquement d'un milieu transparent, en un autre de differente transparence, font une inflexion, & ne vont plus selon les mesmes lignes droites. L'angle de reflexion des rayons est égal à celuy de leur incidence. La lumiere s'étend en lignes droites par un mesme milieu transparent.* Plus on sçaura de ces maximes, plus on sera capable de rendre raison des effets naturels.

Pour parvenir à la connoissance de ces maximes naturelles ou principes d'experience, il faut faire plusieurs observations exactes : comme pour les pesanteurs, on suspendra quelque corps à un fil en diverses positions, & si l'on remarque à peu prés que la rectitude du fil, tirant au centre de la terre, passe toûjours par un mesme point, on pourra nommer ce point centre de pesanteur, & inferer suivant la proposition dix-huitiéme, (qu'on suppose en tous les principes d'experience,) qu'il y a un tel centre en chaque corps ; ce que l'on prouvera si l'on peut, par d'autres principes ; & ainsi l'on trouvera les autres maximes naturelles, telles que sont les suivantes.

MAXIMES OU REGLES naturelles, ou Principes d'experience.

LA Nature ne fait rien de rien, & la matiere ne se perd point.

Il n'est point de matiere sans quelques qualités apparentes ou réelles.

La veuë se fait selon des lignes droites.

Le fer se meut vers l'aymant.

L'air se dilate par la chaleur, & se presse par la diminution de la chaleur, & par violence.

Le frottement ou froissement des corps solides les échauffe.

Les rayons lumineux penetrant obliquement de l'air dans l'eau, ou dans le verre prennent diverses couleurs.

Quoy qu'on ne sçache pas les causes de ces effets, on ne laissera pas de se servir de ces propositions pour en prouver d'autres, & de les prendre pour principes, jusques à ce qu'on en ait découvert les veritables causes, selon les propositions 49 & 50 : mais il faut que ces veritables causes soient parfaitement prouvées, autrement on ne doit pas les recevoir. Il faut aussi remarquer qu'on ne peut prouver un effet naturel par les seuls principes intellectuels, si ce n'est lorsque tout est égal de part & d'autre; car en ce cas l'experience n'est pas necessaire : cõme, cette demande d'Archimede, *les poids égaux en distances égales, pesent également*, peut passer pour un principe intellectuel ; car où prendroit-on l'inégalité, & d'où pourroit-elle proceder, puisque tout est pareil de part & d'autre ? Mais cette autre demande, *les poids égaux en distances inégales, pesent inégalement*, a besoin d'experience.

Pour les Problemes des choses naturelles & sensibles, comme *élever un arbre, conserver les fruits, faire discerner un objet de fort loin, trouver la distance d'un objet inaccessible* ; on se sert des Theoremes où des Problemes de Mathematique, & des maximes naturelles qui nous peuvent faire connoître les causes & les effets qu'on nous demande ; comme, pour parvenir à l'execution de ce Probleme, *discerner un objet de fort loin* ; on pourra juger que les objets sont discernez, quand ils portent beaucoup de lumiere à l'œil, & que leur image est grande sur les nerfs de la veuë : il faut donc chercher à amplifier l'image de l'objet ; ce que l'on pourra faire, si l'on sçait les principes de l'Optique, & les proprietés des verres spheriques convexes & concaves. On pourra trouver aussi par les mesmes principes, les moyens d'augmenter dans l'œil la lumiere d'un objet éloigné, ce qui servira à l'execution de ce Probleme. De mesme pour ce Probleme, *mesurer la continence d'un espace superficiel de terre*, on applique les principes de Geometrie sensiblement, en faisant des angles avec des instrumens de bois ou de cuivre, en tirant des lignes droites, soit avec un cordeau ou autrement ; & ajustant les verités intellectuelles à la matiere & aux sens, le plus exactement qu'il sera possible ; on pourra satisfaire suffisamment à ce Probleme, & de mesme à l'égard de plusieurs autres.

La plûpart des questions sensibles & naturelles, & les plus ordinaires sont, *si une chose est ; quelle elle est ; quelles qualités elle a ; quelles sont ses causes & ses effets ; comment elle agit, & reçoit les actions des autres choses.*

Lorsque l'on demande, si une chose est, comme, si ce que nous appellons le Soleil, est une chose qui existe veritablement ; les principes pour le connoître & pour le prouver, sont la troisiéme demande, & le principe quarante-troisiéme.

Lorsque l'on demande, si une chose est une telle substance, ou une telle qualité : si la question est du nom, l'on y satisfera suivant les preceptes cy-dessus ; si elle est de la chose, on se servira des principes 13, 14 & 15.

On demande quelquefois, ce qu'une chose est en elle-mesme ; mais il est presque toûjours impossible de satisfaire à cette demande : car puisque nous ne connoissons les choses naturelles que par les effets qu'elles font en nous, ou sur les autres choses; ou par les effets que nous faisons en elles, ou qui sont faits en elles par d'autres choses; & que les effets ne se font que selon le rapport que les choses ont les unes aux autres : il est évident que nous ne pouvons sçavoir ce qu'elles sont en elles mesmes, & qu'il suffit de connoître ce qu'elles sont à nostre égard, & par rapport aux autres choses.

La question, si une substance a telles qualités, se peut prouver par les principes 13, 14, 29, 30, & 31 : mais il faut prendre garde de ne point confondre les qualités apparentes avec les reelles. Ainsi la pesanteur sera prise plûtost pour un mouvement vers la masse de la terre, ou pour quelque impulsion, que pour une qualité qui soit dans le corps pesant. La lumiere sera prise pour un effet que l'œil reçoit du corps lumineux, qui le fait paroître lumineux. L'humidité ou moiteur qu'on donne à l'eau, sera prise pour une viscosité, qui fait qu'elle s'attache aux corps qu'elle touche, d'où ils sont dits estre moüillez, c'est à dire pleins d'une partie de l'eau qui s'y est attachée.

La question, pourquoy une chose est, a deux significations : car ou l'on demande à quoy elle sert, ou quelles sont ses causes agissantes ou efficientes. Dans le premier sens, il faut considerer de quelle utilité est cette chose, & quels effets elle produit dans les choses naturelles ; comme, si l'on demandoit pourquoy il fait chaud en Esté, on regardera l'utilité de la chaleur, comme, de meurir les fruits, de faire croître les arbres, &c.

Pour les causes efficientes, leur existence se prouve par leurs effets, & l'existence des effets se prouve par leurs causes ; le feu prouve l'existence de la chaleur, & la chaleur l'existence du feu ou du Soleil, ou du mouvement, &c. Le principe qu'on y peut employer le plus souvent, est l'onziéme : comme, si l'on demande pourquoy il fait chaud en Esté, on pourra remarquer que les rayons du Soleil sont plus à plomb, qu'ils passent par un moindre espace d'air grossier, & qu'ils demeurent plus long-temps sur l'horison. Les autres principes pour satisfaire aux questions des causes efficientes, sont les 18, 23, 27, 47, 48, & 49, & les maximes naturelles receuës selon la proposition 50, telles que sont celles cydessus.

Il faut prendre garde quand on demande la cause d'un effet qui est reconnu estre la cause d'un autre effet, de n'en point donner de causes incertaines, comme il a esté remarqué dans le principe quarante-neuviéme. Ainsi, si l'on demande pourquoy la lumiere s'étend en lignes droites dans un même milieu ; il suffira de dire que c'est une loy de la nature, que la lumiere s'étende en lignes droites par un mesme milieu transparent : & on la pourra tenir pour une cause premiere naturelle, suivant le principe vingt-quatriéme, jusques à ce qu'on en découvre une autre dont elle depende, & par laquelle elle puisse estre expliquée.

Pour ce qui est de sçavoir comment une chose agit, & reçoit les actions externes ; il faut par le moyen de ses diverses apparences, établir un Systeme, ou en faire l'hypothese ; c'est à dire, supposer un état de la chose, auquel toutes les apparences puissent convenir; ou du moins qu'on n'en connoisse point qui y repugne, suivant le principe cinquante-troisiéme : & ces Systemes supposez serviront aussi à prouver, au moins vray-semblablement les causes agissantes & les effets. Quoy qu'on ne soit pas assuré de la verité d'un Systeme, on ne laissera pas de s'en servir, si l'on peut expliquer & prevoir par son moyen les effets qu'il est important de sçavoir : Ainsi l'on peut se servir du Systeme de Ptolomée pour le mouvement des Astres, soit qu'il soit vray ou faux; puis qu'il nous peut faire prédire les éclipses du Soleil & de la Lune.

Il y a six causes principales du peu de progrés qu'on a fait jusques à present dans la science des choses naturelles.

La premiere est, que nos sens ne nous representent pas les choses telles qu'elles sont en elles-mesmes ; mais telles qu'elles sont à nostre égard, suivant le principe vingt-cinquiéme. Par cette raison l'on ne peut établir par l'attouchement les limites de ce qu'on doit appeller chaud ou froid ; & l'on se trompe en jugeant que les caves profondes sont plus chaudes en Hyver qu'en Esté. On peut mesme croire qu'il y a plusieurs qualités dans les substances naturelles que nous ne pouvons connoître, parce qu'elles n'ont point de rapport à aucun de nos sens.

La seconde est, que la plûpart des Sçavans sont prevenus de plusieurs fausses opinions qu'ils ont receuës des autres, ou qu'ils ont fondées sur de fausses apparences, ou sur de faux raisonnemens. Celuy qui a dit ou qui a écrit ses sentimens sur quelques points de la Physique, fera rarement de bonne foy les experiences qui paroîtront contraires à ce qu'il aura soûtenu ; & il tâchera de faire convenir à ses hypotheses tous les effets qu'il découvrira. Celuy qui croit qu'un Autheur a mieux expliqué que les autres quelques effets particuliers, en tire d'ordinaire cette consequence, qu'il explique mieux que les autres, tous les autres effets.

La troisiéme est, que plusieurs Philosophes s'attachent avec un grand soin à chercher les causes des principes d'experiēce, quoy qu'ils soient suffisās pour expliquer beaucoup d'effets naturels selon la proposition quarante-neuviéme; aulieu d'en tirer plusieurs belles consequences, & d'imiter en cela les Geometres qui ne cherchent point à prouver les premiers principes dont ils se servent, mais ils s'attachent à en tirer toûjours de nouvelles consequences.

La quatriéme est, que lorsque quelqu'un veut prouver par écrit quelques propositiōs touchant les causes de quelques effets, il ne peut faire voir sur le papier, les experiences sur lesquelles il a fondé ses raisonnemens ; & mesme ces experiences sont souvent tres-difficiles, tant pour la dépense, que pour le travail & l'exactitude : ce qui est cause qu'on neglige de les faire pour s'en assurer ; & qu'ensuite on les nie temerairement, ou bien on les reçoit mal à propos.

La cinquiéme est, que la plûpart des Philosophes veulent rendre raison de tout ; & que sans examiner toutes les apparences, & faire les experiences necessaires, ils fondent temerairement leurs hypotheses sur les premiers effets qu'ils apperçoivent ; d'où il arrive que la plûpart de ces hypotheses estant insuffisantes, ils tâchent vainement d'expliquer par elles les autres effets qui ont quelque rapport à ces premiers.

La sixiéme est, que pour rendre raison des choses naturelles, on se contente souvent d'en chercher une seule cause ; & toutefois pour l'ordinaire, il y en a plusieurs qui concourent à la production d'un effet, & y contribuënt diversement : d'où il suit qu'il est impossible de bien expliquer la plûpart des effets, puis qu'on ignore la plûpart de leurs causes ; & qu'il est difficile de ne les pas ignorer, puis qu'on ne les cherche point. Ainsi quelques Philosophes se sont contentés pour expliquer les mouvemens qui arrivent aux corps durs égaux ou inégaux, aprés s'estre choquez avec des vitesses égales ou inégales, de poser pour hypothese, que la quantité de mouvement ne s'augmente point, & ne se diminuë point dans la nature. Or pour faire voir l'insuffisance de cette hypothese, & pour donner en mesme temps un modele de ce qu'il faut observer, pour rechercher & pouvoir découvrir ensuite les differentes causes des effets naturels ; on pourra se servir de l'exemple suivant.

Exemple de ce qu'il faut observer pour la recherche des causes naturelles.

ON reconnoît par l'experience que si on prend deux boules d'yvoire, dont l'une pese trois fois autant que l'autre, & qu'on les suspende à deux filets de mesme longueur, ensorte que leurs centres estant à mesme hauteur, elles se touchẽt sans s'appuyer l'une sur l'autre ; & qu'ayant élevé la moindre à une certaine hauteur, comme par exemple, à un arc de cercle de vingt degrez, on la laisse aller contre l'autre directement ; la plus grosse aprés le choq s'élevera à la hauteur de dix degrez à peu prés, & la petite retournera en arriere à une pareille hauteur de dix degrez ; & si estant toutes deux à une hauteur de dix degrés, on les laisse aller en mesme temps l'une contre l'autre, en sorte qu'elles se choquent directement avec des vitesses égales; la plus grosse demeurera en repos aprés le choq, & la petite retournera en arriere jusques à la hauteur de vingt degrez à peu prés : On demande pourquoy ces mouvemens se font de cette sorte, & comment on peut les expliquer.

Pour y parvenir, il faut commencer par plusieurs experiences sur des boules molles de terre glaise, de mesmes poids, & de poids differens; & on pourra remarquer que leur enfoncement sera égal, soit qu'elles se rencontrent aprés avoir esté élevées toutes deux de part & d'autre à la hauteur de dix degrés, ou qu'une seule ait esté élevée à vingt degrez; & si on sçait ce que Galilée à écrit sur le mouvement acceleré des corps qui tombent, & qu'ensuite on ait connu que la vitesse qu'un corps acquiert en tombant par un arc de 20 degrez, est double à fort peu prés de la vitesse qu'il acquiert en tombant par un arc de dix degrés; on pourra juger qu'il se fait un mesme effort, soit qu'un corps avec une certaine vitesse en rencontre un autre directement, soit qu'ils se rencontrent, ayant chacun la moitié de cette vitesse ; ce qu'on pourra prendre pour un principe d'experience, ou loy de la nature.

On pourra aussi remarquer deux autres principes, en faisant plusieurs autres experiences avec ces boules molles, sçavoir,

Que lors qu'un corps en rencontre directement un autre en repos, & se joint à luy ; la mesme quantité de mouvement qu'avoit le premier, est dans les deux corps aprés le choq ; & que s'ils vont l'un contre l'autre, & que leurs quantités de mouvement soient inégales, la moindre se perdra entierement, & il s'en perdra autant de l'autre, & les deux corps n'auront ensemble que la quantité de mouvement restante ; mais il faudra avoir definy auparavant que la quantité de mouvement d'un corps, est le produit du nombre qui exprime son poids, par le nombre qui exprime sa vitesse.

Aprés avoir bien examiné la verité de ces trois principes, il faudra ensuite reconnoître que les corps durs, comme l'yvoire, le marbre, le jaspe, le verre, &c. ont une vertu de ressort, comme les balons pleins d'air bien pressé ; c'est à dire qu'ils s'enfoncent un peu par le choq, & qu'ils reprennent ensuite leur premiere figure, & qu'en la reprenant, ils se repoussent l'un l'autre ; ce qu'on pourra juger en laissant tomber d'environ un pied de hauteur, une petite boule de jaspe ou d'acier sur une enclume, ou sur une raquette bien affermie sur une table ou sur un plancher ; car on verra remonter la petite boule à la mesme hauteur à peu prés ; d'où l'on pourra tirer ce quatriéme principe, que lors qu'un corps inébranlable, & ayant ressort, a esté enfoncé par le choq d'un autre, il repousse ce corps par la vertu de son ressort, & luy redonne une vitesse pareille à celle qu'il avoit immediatement avant le choc. On pourra encore frotter legerement avec quelque graisse, une petite enclume bien polie & bien trempée, & aprés l'avoir un peu essuyée avec la main, laisser tomber dessus de diverses hauteurs une boule d'yvoire d'environ un pouce & demy de diametre : car on verra sur l'enclume des petites marques rondes qui paroîtront au grand jour, dont les unes seront plus larges que les autres ; comme si on laisse tomber cette boule de quatre ou cinq pieds de hauteur, la marque aura environ trois lignes de diametre ; & si elle tombe de trois ou quatre pouces, elle n'aura pas une ligne de diametre ; ce qui fait voir que la boule s'applatit diversement comme un balon, & qu'elle reprend ensuite sa premiere figure, puis qu'elle demeure ronde, & sans enfoncement aprés le choq ; d'où l'on pourra juger que deux boules d'yvoire ou de verre, &c. s'enfoncent l'une l'autre en se choquant, & qu'elles se repoussent ensuite par leur vertu de ressort.

On pourra encore par le moyen de ce quatriéme principe en découvrir un cinquiéme, sçavoir que lorsque deux corps se sont mis en ressort en se choquant avec de certaines vitesses, ils prennent en se separant, chacun une partie de la somme de ces vitesses en proportion reciproque de leurs poids ; c'est à dire, que si l'un pese trois fois plus que l'autre ; en se separant par l'action de leurs ressors, le moindre prendra une vitesse triple de celle que prendra le plus pesant.

Tous ces principes estant bien établis par plusieurs experiences tant sur les corps à ressort ferme, que sur les autres qui l'ont foible & visible comme les balons, &c. sans qu'aucune y soit contraire. On pourra juger qu'ils pourront servir à expliquer les effets des boules d'yvoire, dont l'une a son poids triple du poids de l'autre; sçavoir que si elles se choquoient l'une l'autre avec une vitesse de dix degrés, sans considerer leur vertu de ressort; la plus grande auroit trente de quantité de mouvement avant le choq, sçavoir le produit de trois de poids par dix de vitesse, & la moindre seulement dix; & que par le troisiéme principe cy-dessus, il ne resteroit dans les deux boules jointes ensemble aprés le choq que vingt de quantité de mouvement, & que par consequent leur vitesse commune ne seroit que de cinq degrés, puisque le nombre de la somme de ces poids, est quatre, & que vingt est le produit de quatre par cinq; on jugera ensuite qu'à cause du ressort, elles doivent se repousser & s'écarter l'une de l'autre ; & que s'estant choquées avec une vitesse totale de vingt degrez, suivant le premier principe cy-dessus, puisque chacune avoit une vitesse de dix degrés ; la plus pesante en prendra cinq de ces vingts, & la moins pesante quinze, par le cinquiéme principe cy-dessus ; & si on sçait les regles des mouvemens cõposez, on pourra connoître que la plus grosse, qui sans le ressort s'avanceroit avec une vitesse de cinq degrés, estant repoussée en arriere par le ressort avec une pareille vitesse de cinq degrés, elle doit demeurer en repos, parce que l'un de ces deux mouvemens détruit l'autre ; & que la moindre qui auroit aussi cinq degrés de vitesse, sans le ressort, recevant encore par le ressort quinze degrez de vitesse de mesme part, elle devra aller avec une vitesse de vingt degrés, par ces mesmes regles des mouvemens composez. Que si la petite choque l'autre avec une vitesse de vingt degrés, on pourra juger que selon le second principe de cet exemple, elles iroient ensemble avec une vitesse de cinq degrés sans le ressort, à cause qu'il faudroit qu'elles eussent ensemble la mesme quantité de mouvement que la premiere avoit avant le choq, qui estoit vingt, produit de vingt degrés de vitesse par un de poids, qui est aussi le produit de quatre de poids par cinq de vitesse; mais le choq s'estant fait par une vitesse de vingt degrés, la force de leur ressort les fera separer, en sorte que la plus grosse prendra encore une vitesse de cinq degrés par le cinquiéme principe, qui estant jointe à la premiere de cinq degrés, sa vitesse entiere devra estre de dix degrés, & la petite qui s'avançoit avec une vitesse de cinq degrés estant repoussée en arriere par le ressort avec une vitesse de quinze degrés; il luy doit rester seulement une vitesse de dix degrés par les regles des mouvemens composez. Ainsi l'on pourra connoître que ces cinq principes, & ceux qui servent à expliquer les mouvemens composez, pourront servir à expliquer ces effets & beaucoup d'autres dans les boules qui seront égales en poids & en vitesses, ou qui auront des proportions differentes tant à l'égard des poids que des vitesses qu'on ne peut les bien expliquer sans avoir la connoissance de ces principes, & qu'on ne peut l'acquerir qu'aprés avoir fait plusieurs experiences. De là on pourra juger que l'hypothese de la quantité de mouvement qui ne se perd point & ne s'augmente point, est insuffisante pour rendre raison de tout ce qui arrive dans le choq des corps, & qu'elle est mesme fausse dans les deux experiences cy-dessus, puis qu'en la premiere, la quantité de mouvement diminuë de moitié aprés le choq, & qu'en la deuxiéme, elle augmente de moitié.

Il faut donc prendre garde de ne point tomber en ces defauts, & particulierement de ne pas prendre de faux principes en cherchant trop curieusement les causes des effets naturels : car enfin, il vaut bien mieux se contenter d'une belle & ample histoire des principaux effets de la nature, connus par des experiences certaines, quoy qu'on n'en sçache pas toutes les causes, que de perdre son temps à vouloir établir de fausses hypotheses pour tâcher d'expliquer les plus difficiles, comme le ressort des corps, la vertu de l'aymant, &c. & faire ensuite une infinité de faux raisonnemens, qui empeschent l'avancement de la Physique. Ainsi les Medecins pourront se contenter de sçavoir qu'un tel remede est propre à guerir d'un tel mal; ou du moins qu'un tel remede venu d'un tel pays, guerit ordinairement d'un tel mal, un homme d'un tel temperament. Mais il faut avoir une connoissance exacte de ces experiences, & les avoir trouvées tres-souvent veritables à point nommé: c'est ce qu'on pourra appeller Medecine experimentale, & dont on pourra se servir jusques à ce qu'on ait découvert les veritables causes des maladies & des effets des remedes; mais on n'a pas droit d'appeller Medecine methodique & fondée sur le raisonnement, celle qui est appuyée sur de faux principes, & sur une longue suite de consequences tirées de ces faux principes. Suivant donc cette methode, on fera plusieurs diverses experiences, & on en examinera exactement toutes les apparences, pour ne point établir une fausse hypothese, ou pour corriger celles qui sont receuës pour vrayes, si elles ne le sont pas. Ainsi pour établir une hypothese assurée, qui pût servir à rendre raison des vents, & à les prédire ; il faudroit que diverses personnes en diverses Provinces, peu & beaucoup éloignées, eussent fait des observations en mesme temps, pour connoître où ils commencent, & où ils finissent ; si un mesme vent regne en mesme temps en toute la surface de la Zone torride, ou non ; si un vent nort & sud continuë cette route par un long espace, & de quelle largeur est cet espace, &c. desquelles observations on examinera la verité par les propositions 51. & 52.

De mesme, pour trouver la cause du flux & du reflux de la mer, il faudroit avoir l'histoire de plusieurs observations exactement faites en diverses Côtes, pour sçavoir s'il se fait en mesme temps aux Côtes opposées de l'Afrique & de l'Amerique, ou successivement ; si aux Côtes qui sont de part & d'autre de l'Isthme de Panama, la mer s'éleve à la mesme heure, ou non ; si elle s'éleve plus auprés des Poles, qu'auprés de de la ligne equinoctiale ; si le cours des marées, qui vont de l Orient à l'Occident proche les Isles des Antilles, ne procede pas de la reflexion que les eaux font cõtre les Côtes de l'Afrique, passant de la mer du sud, en la mer du nord, &c. mais il faut un grand nombre de ces observations, & deux ou trois ne suffisent pas pour fonder une hypothese, & pour la faire recevoir, notamment lors qu'il n'y a aucune analogie, ou aucune autre marque d'une chose semblable dans la nature.

Pour sçavoir si c'est le poids de l'air qui fait qu'on a peine à separer deux surfaces de marbre, ou de verre planes & polies, qui se touchent exactement, ou si c'est un mouvement, ou pente naturelle qu'ont tous les corps sublunaires de se tenir joints les uns aux autres, ou quelque autre cause : on pourra suspendre sous un grand verre cylindrique renversé deux petits miroirs d'acier ainsi joints, & ayant osté à peu prés tout l'air qui est sous le verre par le moyen de la machine, qu'on appelle machine pour faire le vuide ; si les miroirs se separent aussi difficilement dans cet air dilaté, que dans l'air ordinaire; on n'attribuëra pas au seul poids de l'air ou à son ressort, cette jonction de ces surfaces de marbre.

Pour bien parler des metaux, des mineraux & des autres mixtes de la terre, il faut faire aussi plusieurs experiences, en les fondant, calcinant, distillant, &c. sur lesquelles experiences on pourra établir des hypotheses & des principes, ou loix de la nature, qui pourront servir à expliquer leurs effets & leurs causes, &c. On en usera aussi de mesme pour chercher les causes de la gresle, de la pluye, du tonnerre & des autres effets semblables.

Pour sçavoir les raisons pourquoy beaucoup de fleurs, comme les tulippes, le soucy, &c. se tournent vers le Soleil, on pourra remarquer que ce qui est échauffé se desseiche, & ensuite se retressit, & supposant la figure Fig. 7. ABCD pour la tige de la fleur, on jugera que la partie BD estant échauffée, elle se doit retressir comme en EF; or si la tige demeuroit droite, il faudroit que AB s'allongeât, comme en AE, & CD en CF; ce qui seroit fort difficile

& feroit rompre ou ſeparer les fibres de la tige ; il reſte donc que la tige ſe courbe en circonference, comme en la figure abcd ; car en ce cas BD pourra eſtre moindre que AC ſans un grand effort, & ſans que AB & CD s'allongent, puiſque les circonferences des cercles interieurs ſont moindres que celles des exterieurs qui ont un meſme centre ; & ceux qui ſçauront cette raiſon, la pourront donner, & confirmer cette hypotheſe par l'experience de beaucoup de choſes qu'on approche du feu, qui ſe courbent du coſté qu'elles ſont échauffées.

Si on demande pourquoy le bleu & le vert ſont difficiles à diſcerner de nuit à la chandelle ; on pourra remarquer, que lors qu'un peintre mêle du bleu avec du jaune, il s'en fait une couleur verte ; & enſuite on pourra tirer la conſequence, que la flamme de la chandelle eſtant jaunâtre, & mêlant la couleur de ſa lumiere avec celle de l'objet qui paroît bleu de jour, il paroîtra vert la nuit à cette flamme : comme auſſi ſi on regarde une fleur jaune à une lumiere bleuë, telle que celle du ſoulphre, ou de l'esprit de vin, elle paroîtra verte. On pourra mesme tirer des consequences d'une chose à une autre à peu prés semblable, suivant le principe quarante-septiéme ; comme, si on a remarqué qu'un arbre ayant perdu une partie de son écorce par où coule la seve qui le nourrit, se recouvre plûtost, & se rétablit en moins de temps, lors qu'on met de la bonne terre prés de ses racines, & qu'on l'arrose souvent ; on pourra tirer cette consequence, que pour guerir promptement un homme blessé, il ne faut pas luy soustraire les alimens, & le faire jeûner.

Il est bon de remarquer que dans les sciences qui sont mêlées de Mathematique & de Physique, comme l'Optique, la Mechanique, &c. On doit toûjours se servir de quelques principes d'experience. Ainsi dans l'Optique, il faut necessairement employer ces trois principes d'experience, sçavoir, que les rayons de lumiere s'étendent en lignes droites par un mesme milieu ; que passant d'un milieu en un autre de differente transparence, ils se rõpent;&

que l'angle de leur reflexion sur une surface polie, est égal à celuy de leur incidence: mais ceux qui voudront entreprendre de rendre raison des effets naturels, sans faire auparavant plusieurs experiences, ou sans avoir appris celles des autres, & avoir remarqué par ce moyen plusieurs regles de la nature; ils tomberont souvent en erreur, ou en l'impossibilité de bien expliquer ces effets; aulieu que ceux qui sçauront beaucoup de ces principes, parviendront souvent à la connoissance de beaucoup de verités obscures & difficiles, & en tireront des consequences pour l'execution de plusieurs Problemes tres-utiles.

ARTICLE III.

Des Principes des propositions morales.

IL y a des principes de diverses sortes qui peuvent servir à la preuve des propositions morales, car les verités intellectuelles & les sensibles y peuvent estre employées ; comme, lors qu'il s'agit de faire le choix entre deux biens, & qu'on veut connoître si les possibilités de l'un surpassent les possibilités de l'autre, &c. il faut necessairement se servir des Regles de la science des nombres ; & si l'on veut sçavoir ce que le cœur & le cerveau contribuënt aux passions & aux mœurs des hommes, il faut avoir une connoissance exacte de la structure, & des fonctions de ces parties.

Les principes qui concernent particulierement la Morale, sont de deux sortes. Les uns prescrivent ce qu'on doit faire ; comme,

Il ne faut pas faire à autruy, ce que nous ne voudrions pas qu'on nous fist.

Il faut donner un droit égal à ceux qui sont égaux.

Il faut établir les loix pour l'utilité de ceux qui s'en doivent servir.

Les autres ont pour sujet les mœurs & les inclinations des hommes, comme,

Nous sommes curieux d'apprendre ce que nous ignorons.

Nous haïssons ceux qui nous contredisent.

Les plus forts usent le moins de precaution.

Ceux de la premiere sorte ont pour principe general cette proposition, *il faut faire ce qui est le mieux*; & l'on prouve qu'une chose est meilleure qu'une autre, lors qu'on fait voir qu'il en arrive plus de bien, & moins de mal; de laquelle preuve on pourra trouver les principes en examinant & considerant les liaisons & consequences des choses que l'on compare ensemble, & on les examinera par le principe 96, &c. & par la definition qui le precede.

Les principes de la seconde sorte se

prouvent par induction & experience ; mais on trouve quelquefois des experiences contraires. Ainsi il peut arriver qu'on ne se soucie pas d'apprendre quelque chose particuliere qu'on ignore, & qu'un plus fort use de precaution.

On peut mettre au nombre de ces deux sortes de principes, la plûpart des proverbes, entre lesquels on en pourra aussi trouver qui seront opposez l'un à l'autre, à cause des diverses conjonctures, & des differentes suites des biens & des maux.

On se sert de ces principes, ou pour regler la conduite de chaque particulier, & alors on les appelle principes de Morale ; ou pour regler ce qui concerne le public, & en ce cas on les appelle principes ou maximes de politique ; mais souvent on confond la signification de ces noms.

Il faut s'étudier à sçavoir beaucoup de ces principes ; car ceux qui en sçauront le plus, pourront mieux prouver & prévoir les évenemens, & resoudre les questions de Morale. Ainsi ceux qui sçauront que la plûpart des hommes suivent ordinairement le devoir naturel, & se soucient peu du devoir de convenance, pourront prouver que dans un Etat où il n'y a point de punition établie pour l'injustice des Juges, ils rendront souvent des jugemens injustes, en faisant voir qu'en beaucoup d'occasions, il leur paroîtra plus avantageux de juger injustement, que de juger selon les loix établies.

Les mœurs des hommes sont si differentes, & les évenemens des choses sont si incertains, & leurs circonstances si peu semblables, qu'il est presque impossible de pouvoir rien conclure d'assuré dans la plûpart des questiōs de Morale & de Politique ; comme, si on propose de sçavoir lequel est le meilleur pour appaiser une sedition, d'employer la clemence ou la rigueur, on trouvera plusieurs avantages & plusieurs inconveniens de part & d'autre, qui paroîtront plus ou moins considerables, selon les differens sentimens des personnes qui voudront les examiner : on pourra mesme ignorer quelques-uns de ces avantages, & de ces inconveniens ; d'où il s'ensuit qu'on ne pourra se servir avec certitude du principe 96 pour la resolution de cette question, & que tous les raisonnemens qu'on y fera, ne seront que vray-semblables. On trouvera de semblables difficultés dans beaucoup d'autres questions de cette nature ; & on peut s'étonner avec raison de ce que Socrate estant rebuté de l'étude des choses naturelles, crût trouver mieux son compte dans l'étude de la Morale, puisque les conclusions en sont encore moins certaines,&que si la Physique est difficile à cause qu'il faut souvent chercher plusieurs causes pour expliquer un effet naturel ; la Morale le doit estre encore davantage, par le grand nombre des choses qu'il faut souvent considerer pour bien juger de ce que nous devons suivre ou éviter.

Voicy quelques Regles dont on pourra se servir.

S'il s'agit du choix d'un bien ou d'un mal, on pourra employer les principes 83, 84, 85, &c. & l'on examinera la probabilité des evenemens par les 44, & 45, ou par d'autres qu'on jugera pouvoir servir, soit intellectuels ou d'experience.

Il faut prendre garde, suivant le principe 97, de ne se point tromper en considerant la grandeur des choses, aulieu de considerer les avantages & les incommodités qui nous en reviennent; comme, si un homme a vingt mil écus de bien, & qu'ō luy propose de les joüer en un seul coup contre 100000. écus, quelques-uns pourroient croire qu'il auroit de l'avantage à le faire, selon la proportion de 5 à 1; mais en ces cas, il ne faut pas considerer la quantité physique & reelle des choses, mais il les faut considerer moralement, c'est à dire selon la grandeur des avantages, ou des incommodités que nous en recevons: or 20000 écus suffisent pour faire vivre un homme à son aise, & 100000 écus de plus n'augmentent son bon-heur, qu'à peu prés, comme de 3 à 2, ou de 3 à 1: mais s'il perd ses 20000 écus, il tombe dans la misere & dans une pauvreté entiere, & la proportion d'avoir du bien suffisamment pour vivre à son aise, ou de n'avoir rien du tout, est une proportion presque infinie, ou comme 100000 à 1; d'où l'on pourra juger qu'il ne doit pas joüer ses 20000 écus contre 100000 en un seul coup; mais bien 10 écus contre 100 : On se servira de ces diverses regles de proportion, comme de principes certains pour prouver des cas semblables.

La convenance est une des causes de nos actions, & nous les reglons quelquefois par les seuls principes qui en dependent ; & mesme nous jugeons presque toûjours de la bonté des actions d'autruy, & de l'estime qu'il en faut faire, par ces seuls principes, & rarement par ceux du devoir naturel, quand il n'est pas joint à celuy de convenance, à cause que nous ne ressentons pas les plaisirs que les autres reçoivent d'une action qui leur plaist, & que par cette raison nous n'en considerons que la difformité ou la convenance ; mais chaque particulier regle ordinairement ses actions par le devoir naturel, & il y en a peu à qui la convenance seule paroisse le plus grand de tous les biens. On pourra employer l'une ou l'autre de ces sortes de principes, ou toutes les deux, selon la connoissance qu'on aura des inclinations de ceux qu'on veut persuader : & si on a connu par les Histoires ou autrement, que les plus grands maux qui arrivent aux hommes, procedent des violences & des injustices qu'ils se font les uns aux autres ; on pourra juger que pour les rendre suffisamment heureux, il faut faire ensorte que le devoir naturel ne puisse estre separé de celuy de convenance, ou du moins tres-rarement, en établissant des loix qui puissent empêcher par les grandes punitions qu'elles ordonneront, qu'on ne recherche aucun bien de ceux qui ne se peuvent obtenir qu'en faisant un mal considerable à un autre.

Il y a beaucoup de questions de Morale & de Politique, qu'on ne peut resoudre que par une longue suite de propositions prouvées, & alors il faudra suivre la mesme methode dont on se sert dans les sciences intellectuelles ; c'est à dire qu'il faudra chercher les differens principes qui pourront y servir, & prévoir quelles seront les propositions qu'il faudra prouver avant que de pouvoir resoudre la question ; & on mettra ces principes & ces propositions par ordre pour les citer selon cet ordre, quand on voudra faire la preuve.

Pour les Problemes de Morale, qui ne sont autre chose que trouver les moyens pour obtenir quelque bien, ou pour éviter quelque mal, il faut chercher les principes intellectuels & sensibles, & les propositions morales qui y peuvent servir : mais les évenemens ne peuvent estre prouvez infaillibles ; car les moindres circonstances differentes les peuvent changer, & dans le détail nous ne pouvons sçavoir que tres-difficilement, si ceux à qui nous avons à faire, ont les mœurs semblables à ceux dont nous avons eu la connoissance, soit par nous-mesmes, soit par les Histoires : On pourra seulement inferer vraysemblablement par les actions passées des hommes, ce qu'ils pourront faire en une conjoncture semblable, selon le principe dix-huitiéme. Que si l'on veut tâcher de deviner le secret d'une action, comme de sçavoir les desseins qu'on a contre nous, &c. il faut supposer un Systeme, & voir si toutes les apparences y conviennent selon la proposition cinquante-deuxiéme.

Et generalement en toutes sortes de propositions, soit intellectuelles, sensibles ou morales, il faut pour trouver les principes pour les prouver, considerer ce pourquoy, ou parquoy une chose est, ou peut estre connuë telle qu'on la propose, ou le bien pour lequel elle doit estre faite. Ainsi pour prouver qu'il faut suivre la vertu, il faut chercher quels sont les avantages qu'elle apporte aux hommes; & pour prouver qu'un homme est raisonnable, il faut chercher ce qui le rend raisonnable, ou le fait appeller raisonnable; & ce qu'on aura trouvé, servira de terme de connexité, par le moyen duquel on fera la preuve, comme il sera montré dans le troisiéme discours.

III. DISCOURS.

De la Methode pour faire les Argumens, & les mettre en ordre pour servir à la preuve de quelques propositions douteuses, ou à l'établissement de quelque science.

APrés avoir trouvé les principes & les propositions prouvées, qu'on a jugé pouvoir servir à la preuve des propositions douteuses, on les employe pour former les propositions des Argumens.

Les Argumens sont ordinairement composez de trois propositions, dont la derniere est celle qui est à prouver, qui s'appelle la conclusion, les deux autres sont celles où se trouve le terme moyen qu'on appelle autrement terme de connexité, qui les lie avec la conclusion.

La proposition dans laquelle le terme de connexité se trouve avec l'attribut de la conclusion, s'appelle la Majeure, ou la plus grande proposition de l'Argument ; & celle où il se trouve avec le sujet de la conclusion, s'appelle la Mineure ou la moindre proposition.

Par exemple, pour faire un Argument par lequel on puisse prouver que la science est desirable ; ayant trouvé & choisi par les regles contenuës dans le second discours, *l'utilité*, pour estre le terme de connexité, parce que c'est une des causes qui doit faire desirer la science, on luy joindra l'attribut de la conclusion pour faire la Majeure, en cette sorte, *Tout ce qui est utile, est desirable* ; ensuite on luy joindra le sujet pour faire la Mineure, *la science est utile* ; d'où l'on tirera la conclusion, *donc la science est desirable.*

Il est indifferent que la Majeure soit énoncée la premiere; car cet Argument qui suit, est aussi bon que l'autre.

La science est utile,
Tout ce qui est utile, est desirable ;
Donc la science est desirable.

Mesme dans l'ardeur du raisonnement, il est plus naturel de faire l'Argument en cette derniere maniere.

Que si la proposition à prouver est negative, comme, *le vice ne doit pas estre aimé*; ayant pris pour terme de connexité, qu'il apporte du des-honneur, on fera l'Argument en cette sorte.

Ce qui apporte du des-honneur, ne doit pas estre aimé.
Le vice apporte du des-honneur,
Donc le vice ne doit pas estre aimé.

Lorsque l'une des deux premieres propositions, ou toutes les deux ne sont pas des verités premieres, il faut les prouver par d'autres, & celles-cy par d'autres, jusques à ce qu'on soit arrivé aux verités premieres; ou bien commencer par celles qui sont immediatement comprises sous les verités premieres, & continuer jusques à celles qui sont à prouver.

Quand les principes pour prouver, ne sont que de vray-semblance, suivant les principes 44, 45, 46, &c. les consequences ne seront aussi que vray-semblables: Aristote appelle Enthymemes ces Argumens de vray-semblance.

Exemple d'Enthymeme.

Les meres aiment ordinairement leurs enfans,
Celle-cy est mere:
Donc elle aime son enfant.

La plûpart des Logiciens appellent Enthymemes les Argumens de deux propositions, parce qu'on donne ordinairement pour exemple d'Enthymeme cet Argument de deux propositions.

Celle-cy est Mere,
Donc elle aime son enfant.

Ce n'est pas neãmoins par le nõbre des propositions, qu'Aristote definit l'Enthymeme, mais par leur probabilité, & lors qu'elles ne sont fondées que sur des signes.

D'où il s'ensuit qu'on ne doit pas appeller Enthymeme cet Argument de deux propositions, *ce Triangle est Isoscele, donc les deux angles sur sa base sont égaux*, puisque cette conclusion est necessaire & infaillible.

C'est une chose fort peu utile d'enseigner de combien de sortes d'Argumens on peut faire : car cela n'aide de rien à inventer les preuves, ny à faire de bons Argumens ; non plus que de sçavoir combien il y a de figures qui servent à orner un discours, ne contribuë guere à l'éloquence d'un Orateur. Voicy ce qu'on en peut dire de plus important, & qui a esté fondé sur les remarques que quelques-uns ont faites de plusieurs sortes de bons Argumens.

Il y a plusieurs figures d'Argumens, & plusieurs modes ou façons en chaque figure. Les figures sont distinguées par les diverses situations du terme moyen, ou de connexité, dans les deux premieres propositions de l'Argument. Si ce terme est le sujet en la Majeure, & l'attribut en la Mineure, c'est une figure qu'on appellera, si l'on veut, la premiere, parce que c'est la plus ordinaire.

EXEMPLE.

Tout animal est vivant,
Tout homme est animal ;

Donc tout homme eſt vivant.

S'il eſt l'attribut dans les deux premieres propoſitions, ce ſera la ſeconde figure.

EXEMPLE.

Nulle pierre n'eſt ſenſible.
Tout homme eſt ſenſible,
Donc nul homme n'eſt une pierre.

S'il eſt le ſujet dans l'une & dans l'autre, ce ſera la troiſiéme figure.

EXEMPLE.

Les mouches volent,
Les mouches ſont des animaux ſans plumes;
Donc il y a des animaux ſans plumes qui volent.

Enfin s'il eſt l'attribut en la Majeure, & l'attribut en la mineure, ce ſera la quatriéme figure.

EXEMPLE.

Nul eſclave n'eſt libre,

Quelque libre est miserable;
Donc quelque miserable n'est pas esclave.

On peut icy remarquer qu'Aristote & la plûpart de ses sectateurs, qui accablent les Lecteurs du grand nombre de leurs regles de Logique, n'ont point parlé de cette quatriéme figure.

Pour les modes ou façons de chaque figure, leur diversité procede de l'affirmation ou negation, & de l'universalité ou particularité des propositions de l'Argument; car toute proposition est ou particuliere affirmative ou particuliere negative, ou universelle affirmative ou universelle negative; & dans ce sens, cet Argument de la premiere figure,

Tout animal est vivant,
Tout homme est animal, &c.

est d'une autre mode que celuy-cy de la mesme figure.

Nulle chose sensible n'est une pierre;
Tout homme est sensible;
Donc nul homme n'est une pierre.

La plûpart des Logiciens donnent de certaines regles pour ces figures & pour ces modes, comme celles-cy, que les propositions negatives se prouvent plus facilement par la seconde figure que par les autres; que dans les argumens de la premiere figure la mineure ne doit point estre negative; que dans ceux de la seconde, l'une des deux premieres propositions doit estre negative, &c. Mais ces regles ne sont nullement necessaires, ny pour bien faire les argumens, ny pour prouver leur bonté, ce qui est manifeste; car quand on cherche un terme de connexité pour prouver quelque question, on ne se met point en peine (ou du moins tres-rarement) de quelle figure ou de quel mode sera l'argument: On ne peut aussi estre assuré de la bonté de ces regles, si elles ne sont prouvées, & cette preuve ne pouvant estre faite que par des argumens, il s'ensuit que la bonté des argumens qui prouvent la bonté de ces regles peut estre connuë sans elles, puis qu'elles ne sont pas encore établies. Il est vray qu'aprés qu'on a fait des argumens de plusieurs sortes, & qu'on a connu leur bonté par la faculté naturelle que nous avons de connoistre la connexité des propositions, comme il a esté dit dans le principe quatriéme: on peut considerer ensuite les differentes manieres & proprietez de ces argumens, & les dispositions des termes des propositions, &c. pour en faire des remarques & des regles. Mais la connoissance de ces regles & de leurs demonstrations est une science particuliere qu'on peut negliger, non seulement parce qu'elle est tres-difficile à apprendre; mais parce qu'elle est inutile pour les autres sciences, estant plus seur & plus facile de considerer avec un peu d'attention les connexitez des propositions qu'on employe à une preuve de Geometrie ou de Physique, que de les examiner par des regles, dont on aura peine à se souvenir, & qui d'ordinaire sont inconnuës à ceux à qui on parle.

C'est encore une chose fort peu utile, de remarquer toutes les proprietez des propositions & de leurs termes, comme, qu'il y a des propositions necessaires, contingentes, conditionnelles, modales,

dales, &c. qu'il y a des termes simples, complexes, connotatifs, &c. car quelque soin qu'on y apporte, il est presque impossible de remarquer toutes leurs differences; & ces remarques ne font pas qu'on prouve mieux ce qu'on veut prouver, ny qu'on discerne mieux la connexité des propositions; c'est pourquoy on s'est dispensé d'en parler icy, & on a crû que les observations suivantes pourroient suffire.

Il y a de deux sortes de preuves, l'une s'appelle directe, & l'autre indirecte.

La preuve directe montre qu'une proposition est vraye, parce qu'elle est comprise sous des veritez certaines, & a de la connexité avec elles.

La preuve indirecte montre qu'une proposition est vraye, parce que sa contraire ou negative est fausse; ou qu'une proposition est fausse, parce qu'en la supposant vraye, il suit une absurdité, c'est à dire une fausseté évidente; on l'appelle autrement preuve par supposition de faux, ou preuve par l'absurde. La quatriéme proposition d'Euclide & la cinquiéme sont prouvées par des preuves directes, la sixiéme est prouvée par une preuve indirecte, en supposant qu'une ligne qui est égale à une autre est plus grande, & faisant voir que de cette supposition il suivroit une fausseté premiere; sçavoir qu'une partie d'un tout seroit égale à ce tout.

Exemple de preuve directe.

Vn astre ne luit pas par sa propre lumiere, lors qu'un corps opaque estant interposé entre luy & le Soleil, il s'obscurcit.

La Lune s'obscurcit lors que la terre est interposée entre elle & le Soleil.

Donc la Lune ne luit pas par sar popre lumiere.

Exemple de preuve indirecte pour prouver qu'un homme n'est pas une pierre.

Vn homme est une pierre (par supposition)
Toutes les pierres sont insensibles;
Donc un homme est insensible; *ce qui*

est faux & absurde : & par consequent il est vray qu'un homme n'est pas une pierre.

Lors que les propositions douteuses sont peu éloignées des principes, la preuve en est assez facile.

EXEMPLE.

Ce qui a du sentiment & du mouvement de soy-mesme est vivant,

Vn homme a du sentiment & du mouvement de soy-mesme,
Donc un homme est vivant.

Si on nie la majeure, il est evident que la question est du nom, & que c'est la definition qu'on nie, c'est à dire que ce qui a du sentiment & du mouvement de soy-mesme ne doit pas estre appellé vivant ; & alors il faut le prouver par induction, en le faisant dire à plusieurs hommes, & c'est le principe sensible de cette definition, comme il a esté dit dans le second discours.

Si on nie la mineure, on la prouve

encore par induction & experience, selon le principe neuviéme, en voyant marcher un homme, & en luy faisant quelque douleur, dont il paroisse avoir le sentiment. Or ces sortes de propositions, qui sont immediatement comprises sous leurs principes, se peuvent souvent prouver par un seul argument; mais si on veut prouver une proposition éloignée de ses principes, comme celle-cy, *un homme est composé des mesmes Elemens qu'un arbre*; il en faut beaucoup davantage: & mesme en quelques propositions de Geometrie, & d'Arithmetique, quoy qu'elles soient immediatement comprises sous leurs principes, ou qu'elles en soient peu éloignées, il faut employer plusieurs argumens. Nous prendrons pour exemple la construction & la preuve du probleme du triangle equilateral, dont l'Analyse a esté enseignée dans le deuxiéme discours.

Construction & Demonstration du triangle Equilateral.

SOit la ligne AB, sur laquelle on doit construire un triangle equilateral. Du centre A, & de l'intervalle AB, soit décrit le cercle E C B E, & du centre B, & du même intervalle, soit décrit le cercle ACDA, coupant le premier cercle au point C, soient tirées les lignes droites CA, CB: Je dis que le triangle ACB, est equilateral, c'est à dire, que les trois costés AB, BC, CA, sont égaux entr'eux. Fig. 42

PREMIER ARGUMENT.

Les lignes qui viennent d'un mesme centre à une mesme circonference d'un cercle, sont égales entr'elles.
Les lignes AC, AB, viennent d'un mesme centre A, à une mesme circonference BCE,
Donc elles sont égales entr'elles.

On fait encore un semblable argument pour prouver que les lignes BC, BA, sont égales entr'elles; ensuite on fait celuy-cy.

Les choses égales à une autre, sont égales entr'elles.
Les lignes AC, BC, sont égales à AB.
Donc elles sont égales entr'elles.

Il faut encore prouver les propositions des deux premiers argumens, par la definition & par la possibilité de la construction des cercles.

Il faut faire encore cét argument.

Vn triangle Equilateral est celuy qui a ses trois costés égaux entr'eux.
Les trois costés du triangle A B C, sont égaux entr'eux, comme il a esté prouvé.
Donc il est equilateral.

Il faut encore prouver cette definition par induction, ou de lecture, ou de témoignage de plusieurs Geometres.

Par cét exemple, on voit que puis qu'il faut cinq ou six argumens pour prouver une proposition de Geometrie peu éloignée des principes, il en faudroit un nombre excessif pour prouver les propositions qui en seroient beaucoup éloignées ; & que cette methode de se servir d'argumens complets de trois propositions, pour leur preuve, dans laquelle on est obligé d'user souvent de redites, seroit ennuyeuse & difficile, & feroit de la confusion dans l'esprit. C'est pourquoy les Geometres ont mis en usage une autre methode plus commode, qui est de faire des raisonnemens continus, sans distinguer les argumens. En voicy la maniere.

On commance par la preuve des propositions qui sont immediatement comprises sous les principes, & qu'on prevoit estre necessaires pour la preuve des autres ; sans observer exactement que les argumens soient de trois propositions, pourveu qu'on fasse comprendre suffisamment les connexitez. Et ensuite au lieu de repeter les premiers argumens, on allegue seulement les conclusions, c'est à dire, les propositions prouvées, lesquelles doivent estre mises par ordre pour les citer selon cét ordre. C'est ce qu'on observe dans les demonstrations de Geometrie & d'Arithmetique. & il suffit qu'on se souvienne que les premieres ont esté bien prouvées, encore qu'on n'en conçoive plus la preuve.

Il vaut mieux commencer par les premieres propositions, & continuer jusques à celle qui est à prouver, en citant celles qui sont connuës, que de commencer par l'inconnuë, & aller de suite en suite jusques aux principes, en citant des propositions inconnuës : Voicy des exemples de cette methode.

Preuve de la proposition du triangle Equilateral par citation.

DAutant que les lignes AB, AC, sont tirées d'un mesme centre A, à une mesme circonference ECB, elles sont égales par la definition du cercle : par la mesme raison BC, BA, seront égales entr'elles : & parce que AC, CB, sont toutes deux égales à AB, elles seront égales entr'elles, par le principe, *les choses égales à une autre, sont égales entr'elles:* donc selon la definition du triangle equilateral, ACB est un triangle equilateral, ce qui estoit à prouver.

On voit par cette preuve, que la methode par des raisonnemens continus en citant les propositions, est beaucoup moins longue que celle par des argumens complets, & que les connexités en sont aussi faciles à voir.

Les grands Geometres se dispensent souvent de citer les propositions prouvées par Euclide, ou par d'autres Autheurs celebres ; mais ils les enoncent seulement, lors qu'ils parlent à d'autres grands Geometres.

Il est à remarquer que quelques Philosophes ont soûtenu qu'on ne pouvoit rien prouver par des argumens, parce que la conclusion estant contenuë dans les deux premieres propositions, c'étoit une identité de preuve, c'est à dire qu'on prouvoit une proposition par elle-mesme ; mais on peut répondre que cette identité est toûjours un peu obscure, même dans les demonstrations où il n'y a qu'un argument; & que lors qu'il y en a plusieurs, ou qu'il y a une longue suite de consequences continuës, on la comprend difficilement : Par exemple, il est assez facile de concevoir que 2 fois 2, & 2 fois 3, sont la même chose que 2 fois 5: & que 3 fois 2, & 3 fois 3, sont la mesme chose que 3 fois 5: & que 2 fois 5, & 3 fois 5, sont la même chose que 5 fois 5, quoy qu'il y faille un peu d'attention; mais la consequence, que 2 fois 2, & 2 fois 3, & 3 fois 2, & 3 fois 3, pris ensemble, soient la mesme chose que 5 fois 5: ou pour l'exprimer autrement, que si un nombre comme 5 est divisé en deux parties, le quarré du nombre entier est égal aux quarrez des deux parties, & a deux fois leur produit; c'est ce que la plûpart des esprits ont peine à comprendre, & il faut quelque methode pour y parvenir; comme si on nomme 2 fois 2, A, & 2 fois 3, B, égaux ensemble à 2 fois 5; & 3 fois 2, C, & 3 fois 3, D, égaux ensemble à 3 fois 5; on pourra se souvenir que A & B ensemble, & C & D ensemble ont esté prouvez égaux à 2 fois 5, & à 3 fois 5; si donc on conçoit que 2 fois 5, & 3 fois 5, pris ensemble, soient égaux à 5 fois 5, on pourra aussi concevoir que 5 fois 5, sera égal aux quatre nombres A, B, C, D, pris ensemble, d'où il suit que les argumens sont necessaires pour les preuves, quoy qu'on sçache les principes sur lesquels on les doit fonder.

Lors qu'il y a un grand nombre de connexités à concevoir, il faut de necessité que la memoire supplée au defaut de la conception; car nous ne pouvons concevoir en mesme temps les connexités de plusieurs propositions de suite, par exemple, celles de toutes les propositions qu'Archimede a employées, pour demontrer la proportion de la Sphere & du Cylindre; mais seulement on peut se souvenir d'avoir trouvé ces propositions veritables les unes aprés les autres.

Lorsque les propositions sensibles douteuses sont éloignées des principes d'experience, & des autres propositions qui peuvent servir à les prouver, il faut prouver les dernieres par la citation des premieres, de la mesme maniere qu'on prouve celles de Geometrie & d'Arithmetique; mais les experiences sur lesquelles sont fondées les principes ou regles de la nature, ne peuvent estre mises sur le papier, comme on y met les lignes & les figures de

Geometrie, & on a souvent beaucoup de peine à concevoir comme elles ont esté faites ; mesme il y en a, qu'un seul homme ne peut faire ; comme, d'observer quels vents regnent en mesme temps dans la France & dans la Pologne ; si le flux & reflux de la mer se fait à la mesme heure aux costes d'Espagne & de l'Amerique.

Voicy ce qu'on pourra observer.

Il faut enseigner de quelle sorte on a fait les experiences, avec quelles personnes, avec quelle exactitude, de quels instrumens on s'est servy, &c. & écrire ces experiences par ordre, selon lequel ordre on les alleguera pour la preuve. On y ajoûtera des figures, si les experiences sont difficiles à comprendre ; mais ces principes d'experience ne seront principes qu'à ceux qui auront fait les mémes observatiõs ; & seront seulement vray-semblables aux autres, estant examinées selon les propositions 51, & 52.

Exemple pour prouver un Principe d'Experience.

PRINCIPE D'EXPERIENCE.

LEs Rayons passant de l'air dans l'eau se rompent, & leur inflexion se fait du costé de la ligne perpendiculaire qui passe par le point d'incidence.

Demonstration.

Soit AB, une ligne droite dans la surface superieure de l'eau contenuë dans quelque vaisseau dont le fond soit MGFEN; CDE un fil tendu fermement, afin qu'il represente une ligne droite; D, le point où le fil entre dans l'eau; E le point où il touche le fond du vaisseau. Soit aussi C, un petit trou par où passe un rayon du Soleil dans une chambre obscure, en sorte que ce rayon qui est representé par CD, coulant le long du fil jusques au point D, qui sera le point de son incidence, le fil soit environné de ce rayon; alors si on oste le fil, on verra que ce rayon Fig. 2.

passant dans l'eau, quittera la direction du fil, & ne sera point continué le long de la ligne DE jusques au point E; mais qu'il ira comme en F entre E & G, si DG est le fil d'un pendule passant par le point D. On verra arriver la même chose, si le rayon a une inclination moindre ou plus grande, en ajustant le fil CDE selon le rayon. On fera l'experience plus facilement si le fond du vaisseau est vuide, & que le fil estant osté, le rayon CDE tombe au point E; car on verra que si on emplit promptement d'eau le vaisseau jusques à la ligne AB, le point E ne sera plus illuminé, mais un autre point F. Le mesme arrivera aux autres rayons par la proposition dix-huitiéme; Donc les rayons passant de l'air dans l'eau, se rompent, &c. ce qu'il falloit prouver par experience.

Autre exemple pour faire voir comme il faut disposer plusieurs propositions de suite pour prouver une proposition sensible, & comme il faut faire un raisonnement continu en citant les principes & les propositions prouvées.

ON trouve par experience, que si on emplit de mercure un tuyau cylindrique de verre, comme AB, fermé par le bout A, dont la longueur soit au dessus de trente pouces, & qu'ayant mis le doigt sur l'extremité B, sans y enfermer de l'air, on le renverse, & qu'on trempe cette extremité B dans d'autre mercure mis en quelque petit vaisseau de terre comme CDK, & qu'on ôte ensuite le doigt, le mercure descend, & aprés quelques balancemens, il s'arrête ordinairement à la hauteur de vingt-sept à vingt-huit pouces; c'est à dire que si EF est la surface du mercure qui est dans le petit vaisseau, celuy du tuyau descendra jusques en H, si EH est d'environ vingt-sept pouces & demy; mais si on y enferme de l'air avec le mercure, le mercure Fig. 9.

descendra plus bas, & se mettra à diverses hauteurs, si on y met plus ou moins d'air.

Ces experiences estant connuës, & supposant qu'ayant fait l'experience sans air, le mercure se soit mis à vingt-huit pouces, comme il arrive quelquefois, on propose ce Probleme de Physique.

PROBLEME DE PHYSIQUE.

Estant donnée la longueur d'un tuyau cylindrique AB, au dessus de vingt-neuf ou trente pouces, fermé par un bout, trouver quelle quantité d'air il faut enfermer avec le mercure, afin que le mercure se mette à une hauteur donnée moindre que vingt-huit pouces, lorsque le tuyau sera perpendiculaire à l'horison.

Pour y parvenir, il faut premierement prouver que l'air a de la pesanteur, soit par des experiences faites par quelques Autheurs celebres, soit par quelques-unes qu'on aura faites soy-mesme, & on en fera la premiere proposition.

On en fera une seconde, dans laquelle on enoncera que la colomne de vif argent de vingt-huit pouces, qui demeure dans le tuyau de verre AB, lors qu'on n'y a point mis d'air, pese autant que la colomne d'air depuis la surface du mercure du petit vaisseau, jusques au haut de l'Atmosphere, c'est à dire jusques au plus haut de l'air ; & on la prouvera par plusieurs experiēces faites en plusieurs lieux tant profonds qu'élevés, pour faire voir que plus les lieux sont élevez, moins grande est la hauteur où s'éleve le mercure, comme estant chargé d'une moindre pesanteur d'air ; & que dans les caves fort profondes, il s'éleve à une plus grande hauteur, comme estant chargé d'un plus grand poids d'air : & que si on met le mercure du vaisseau dans de l'eau au dessous d'une hauteur de dix ou douze pieds ; il s'élevera beaucoup plus dans le tuyau, sçavoir à un pouce de plus pour quatorze pouces d'eau, à deux pouces pour vingt-huit pouces, &c. à cause qu'un pouce de mercure pese autant à peu prés que quatorze pouces d'eau.

On prouvera ensuite que l'air a beaucoup de vertu de ressort, & que plus il est pressé par un poids, plus il se condense ; mais que le poids estant osté, il se remet de luy-mesme par son ressort dans sa premiere extension, qui est celle où il est mis par le poids de l'Atmosphere avec lequel il fait équilibre, en sorte que si l'air devenoit plus pesant, il se condenseroit davantage ; & s'il devenoit moins pesant il se dilateroit davantage, & ce sera la troisiéme proposition.

On fera une quatriéme proposition, pour montrer que quelque quantité de mercure petite ou grande, qu'on mette dans le tuyau AB avec de l'air, il descendra, mais qu'il ne descendra pas entierement jusques à la surface du mercure du vaisseau CDK, & on le prouvera par la troisiéme proposition; car si GA est l'air, & GB le mercure qui puisse couler par l'ouverture B ; d'autant que son poids depuis EF, surface du mercure qui est dans le vaisseau CDK jusques en G, fait équilibre avec une partie de la colomne d'air de toute l'Atmosphere, égale en largeur au diametre du tuyau AB, & que l'air enfermé GA est condensé de mesme que l'air qui est à l'entour du tuyau, & que par consequent il peut faire équilibre par la seule force de son ressort, avec tout le poids de cette colomne d'air ; il s'ensuit que le mercure n'ayant rien qui luy fasse équilibre, il descendra : mais il ne descendra pas jusques à ce qu'il soit en la mesme surface que le mercure du vaisseau CDK ; car s'il y descendoit, l'air GA se seroit dilaté de tout l'espace GE, & par consequent il ne pourroit faire équilibre en cet état avec tout le poids de l'air, qui est de mesme poids que vingt-huit pouces de mercure, d'où l'on conclura qu'une partie du mercure demeurera dans le tuyau.

On fera ensuite une cinquiéme proposition, par laquelle il sera enoncé, que l'air se condense selon la proportion des poids dont il est chargé ; & pour sçavoir si cette proposition est veritable, on la supposera, c'est à dire, on la posera pour hypothese, & on fera plusieurs experiences, pour voir si elles conviendront toutes à cette hypothese : par exemple, on supposera que le mercure se soit mis à la hauteur de quatorze pouces en G, le tuyau AB estant de quarante pouces, & EB d'un pouce ; & parce que EA sera de trente-neuf pouces, GA sera de vingt-cinq pouces ; & on supposera pour faire le calcul plus facilement, que le mercure estant enfermé dans le tuyau sans air, se mettroit à vingt-huit pouces precisément, & on raisonnera ainsi.

Dautant que le mercure EG de quatorze pouces fait équilibre avec la moitié du poids de l'air, puisque vingt-huit pouces font équilibre avec tout son poids, il s'ensuit que les vingt-cinq pouces d'air dilaté en AG, font équilibre avec le poids de l'autre moitié de l'air : mais par l'hypothese il doit estre dilaté deux fois plus que l'air qui est alentour du tuyau qui est chargé du poids de tout l'air, & qui est condensé de même que celuy qu'on avoit enfermé. Donc cet air premierement enfermé, ne devoit estre que de douze pouces & demy, moitié de vingt-cinq pouces. Ensuite de ce raisonnement, on en fera l'experience en cette sorte. On laissera douze pouces & demy d'air dans le tuyau au dessus du mercure, qui en occupera vingt-sept pouces & demy, & on fermera le tuyau fermant le bout avec le doigt, l'air se mettra au dessus de l'espace HA, qui sera encore de douze pouces $\frac{1}{2}$, alors si on tire le doigt, qu'on suppose estre environ un pouce au dessous de EF, on verra descendre le mercure, & s'arrê-ter à la hauteur EG de quatorze pouces; ce qui sera déja une conjecture de la verité de l'hypothese. On prendra ensuite un tuyau recourbé ABCD, fer-mé au bout D, en sorte que CD soit d'un pied, & BA d'environ quatre pieds: on y versera tout doucement un peu de mercure par l'ouverture A, de maniere qu'elle occupe l'espace BEC, afin qu'il n'y ait plus de communication de l'air DC, avec l'air BA, & qu'il ne soit pas encore pressé; & que par consequent il fasse encore équilibre par son ressort, avec tout le poids de l'air, qui est équivalent au poids de vingt-huit pouces de mercure; (on connoîtra que l'air DC n'est ny plus pressé, ny moins pressé que celuy qui est en BA, si le mercure est à mesme hauteur aux points C & B.) On versera ensuite peu à peu du mercure dans la Fig. 10

partie AB, jusques à ce qu'il en monte dans la partie CD, à la hauteur CH de quatre pouces, afin que l'air n'occupe plus que les deux tiers de CD : & on remarquera que BG estant prise égale à CH, le mercure sera alors élevé jusques en F, si GF est de 14 pouces ; Or alors l'air DH sera chargé du poids de quarante-deux pouces de mercure, sçavoir des vingt-huit pouces du poids de l'air, & des quatorze pouces du mercure qui est en GF ; mais quarante-deux est à vingt-huit, comme CD à HD, c'est à dire douze à huit, & par consequent cet air se sera condensé à proportion du poids dont il sera chargé. On remplira ensuite le tuyau AB jusques à une telle hauteur, que l'air se reduise en l'espace LD, moitié de CD, & on verra qu'en l'autre côté du tuyau, il sera à la hauteur IM, si IL est horisontale, & si IM est de vingt-huit pouces ; or en cet état, l'air LD sera pressé par un poids de cinquante-six pouces de mercure, sçavoir de celuy qui sera en la partie IM de vingt-huit pouces, & de celuy de l'Atmosphere qui est égal au poids de vingt-huit pouces de mercure, & par conſequent cet air enfermé ſe ſera condenſé ſelon la proportion des poids ; deſquelles experiẽces & de pluſieurs autres qu'on pourra faire, en ſe ſervant d'un tuyau de ſept ou huit pieds depuis B juſques à A, on conclura la verité de ce principe d'experience ; ſçavoir que l'air ſe condenſe à proportion des poids dont il eſt chargé, & ce ſera la cinquiéme propoſition.

Toutes ces propoſitions eſtant bien prouvées & miſes par ordre, on reſoudra le Probleme propoſé par la methode des Geometres qu'ils appellent Analyſe, en cette ſorte.

Soit le tuyau AB de quarante pouces, où l'on doit enfermer de l'air avec du mercure, & on veut que l'experience eſtant faite, le mercure ſe mette à ſept pouces de hauteur : On ſuppoſera ce qu'on cherche ; ſçavoir, qu'ayant mis en ce tuyau une certaine quantité de mercure & d'air, & ayant plongé ſon extremité B dans le mercure du petit vaiſſeau CDK juſques à un pouce de profondeur, le mercure ſe ſoit arreſté en G, ſept pouces au deſſus de Fig. 9.

EF surface du mercure du vaisseau CDX, & on fera un raisonnement continu en cette sorte. Dautant que les sept pouces de mercure EG font équilibre avec le quart de tout le poids de l'air de l'Atmosphere, l'air dilaté GA, qui est dans le tuyau, doit faire équilibre par son ressort avec le reste du poids de l'Atmosphere, sçavoir les trois quarts, par la troisiéme & quatriéme proposition de cet exemple. Or cet air dilaté est de trente-deux pouces ; donc par la cinquiéme proposition, comme vingt-huit pouces de mercure poids entier de l'air, est à vingt & un pouces, difference de sept pouces & de vingt huit pouces ; ainsi reciproquement l'étenduë de l'air dilaté dans le tuyau qui fait équilibre avec ces vingt & un pouces, est à l'étenduë de l'air qu'on avoit enfermé avec le mercure avant l'experience, & qui faisoit équilibre par son ressort à tout le poids de l'air, c'est à dire au poids de vingt-huit pouces de mercure ; mais cet air dilaté est de trente-deux pouces, donc on avoit enfermé vingt-quatre pouces d'air avec le mercure avant l'experience ; puisque trente-

trente-deux est à vingt-quatre, comme vingt-huit à vingt & un.

La Synthese ou composition se fera en cette sorte par une preuve indirecte ; soit mis du mercure dans le tuyau AB jusques à seize pouces de hauteur, afin qu'il reste vingt-quatre pouces d'air ; & ayant fermé le bout du tuyau avec le doigt, qu'on le plonge dans le mercure du vaisseau, en sorte qu'ayant ôté le doigt, & le mercure estant arresté, l'extremité B soit d'un pouce au dessous de la surface EF : Je dis que le mercure du tuyau qui occupoit l'espace BH de seize pouces, se reduira à sept pouces ; car s'il s'élevoit à une autre hauteur, comme de huit pouces, il s'ensuivroit par la cinquiéme proposition cy-dessus, que comme vingt-huit est à vingt, complement de huit à vingt huit ; ainsi trente & un, nombre des pouces de l'air dilaté, seroit à vingt-quatre ; ce qui est absurde, parce que cette derniere raison est moindre que la premiere. On trouvera la mesme absurdité à quelque autre hauteur qu'on suppose, autre que sept pouces : car alors GA de trente-deux pouces sera à

HA de vingt-quatre pouces, comme vingt-huit à vingt & un, donc il se mettra à sept pouces ; ce qui estoit à prouver.

On a donc trouvé la quantité d'air qu'il falloit enfermer avec le mercure, pour le faire descendre à la hauteur donnée de sept pouces, & on a prouvé la necessité de cet effet par ses veritables causes ; ce qu'il falloit faire.

Que si on proposoit le Probleme en cette sorte, *estant donnée la quantité de l'air enfermé avec le mercure avant l'experience*, (comme par exemple vingt-quatre pouces,) *trouver à quelle hauteur le mercure se mettra.* Il faudroit employer les termes & les notes de l'Algebre en l'Analyse, avec un raisonnement continu fondé sur la Geometrie des proportions ; ce que les mediocres Algebristes pourront faire assez facilement en posant A pour l'extension de l'air HG, qui se doit faire dans le tuyau; & se servant de l'Analogie 24 † A, à A cõme 28 à 15 — A, dans laquelle vingt-quatre ou AH est l'étenduë de l'air qu'on laisse au dessus du mercure, A est la dilatation inconnuë HG, vingt-huit est le poids de l'Atmosphere, 15 est l'étenduë HA, &c.

On voit par cet exemple, Premierement, qu'il y a dans les sciences naturelles un enchainement & une suite de propositions, de même que dans les Mathematiques, & que la preuve de celles qui sont douteuses, est encore plus difficile.

Secondement, que la methode de citer les propositions prouvées ou les principes; aprés les avoir mis par ordre, est la plus commode.

Et enfin, qu'il y a beaucoup de propositions sensibles qu'il est impossible de prouver, sans le secours de la Geometrie & de l'Arithmetique; d'où l'on peut conjecturer qu'il y a plusieurs effets naturels si obscurs, qu'il est impossible ou tres-difficile d'en demêler les causes, comme par exemple, pourquoy la ciguë est venimeuse, ou pourquoy une aiguille aymantée se tourne vers le Pole; & que quand quelqu'un seroit assez heureux pour les découvrir, il luy seroit tres-difficile de les faire comprendre aux autres; c'est pourquoy il ne faut pas s'étonner si on a fait si peu de progrés jusques à present dans la Medecine, & dans les autres sciences naturelles.

Il ne faut pas pourtant abandonner l'étude de ces sciences ; car comme il a esté remarqué dans le second discours, on peut se contenter d'avoir une certitude entiere de l'existence des effets par des observations exactes, lors qu'on n'en peut découvrir les causes par un raisonnement certain, fondé sur des principes incontestables. C'est mesme une erreur de vouloir raisonner, & tâcher de prouver par des conjectures, quand on peut s'éclaircir par une induction facile: Une experience d'une heure, nous instruit souvent davantage que des raisonnemens de plusieurs années ; & puis qu'il n'y a point d'autres demonstrations en Physique, que celles qui sont fondées sur des experiences certaines par des consequences infaillibles qu'on en tire, soit qu'on y employe des propositions intellectuelles ou non ; il s'ensuit que lors qu'on peut avoir des experiences, il n'est pas necessaire de chercher d'autres moyens pour prouver la verité des faits.

Outre ces diverses sortes ou methodes de prouver, il y en a encore une autre qui se fait par interrogations & réponses, laquelle a esté fort en usage parmy les anciens Philosophes, comme Platon, Xenophon & Ciceron, & qui est fort propre pour surprendre & faire tomber en erreur ceux à qui on parle ; mais on ne s'en servoit ordinairement que dans les choses vray-semblables.

Enfin toutes ces regles servent de peu, si on ne les met en usage, & si on ne s'exerce souvent à faire plusieurs demonstrations, soit pour nous instruire nous-mesmes, soit pour persuader aux autres les verités qui nous sont connuës.

Quelquefois on ne peut pas prouver les choses invinciblement ; mais pour ne demeurer pas dans l'incertitude, on se contente d'une preuve vray-semblable.

Exemple.

Quelques-uns disent que les bestes n'ont point de sentiment ny de connoissance ; or on ne peut pas prouver absolument que cela soit faux, parce qu'on ne sçait pas s'il est au dessus du pouvoir de la nature ou non, de faire une machine qui fasse les mesmes actions qu'un Singe, sans avoir aucun sentiment. Mais, suivant le quarante-septiéme principe, puisque les bestes ont des yeux & des oreilles comme nous, qu'elles se plaignent comme nous quand on les blesse, qu'elles font choix comme nous des viandes, &c. & que nous sommes asseurez que nous faisons ces choses par le sentiment & par la connoissance; on doit inferer & croire que les bestes ont aussi du sentiment, & une connoissance qui a quelque rapport à la nostre, à moins qu'on n'apporte une demonstration claire & évidente du contraire.

Que si une proposition estant bien prouvée, quelqu'un vient à la nier: ou il la nie contre sa creance, ce qui arrive aux Esprits contentieux; & alors soit qu'il nie les principes ou les consequences des principes, il ne faut plus disputer contre luy, selon la proposition dixiéme; car il pourroit nier de mesme toutes les autres preuves. Il ne faut pas aussi entreprendre de luy faire avoüer qu'il a tort, & il suffit que ceux qui sont presens le connoissent : Ou il la nie pour n'avoir pas bien remarqué la connexité des propositions, ce qui arrive souvent dans les demonstrations des Mathematiques ; soit à cause de l'embarras des lignes & des figures, soit à cause du grand nombre des consequences ; & en ce cas il faut recommencer le raisonnement, & mesme changer, s'il se peut, l'ordre & les termes de la demonstration.

Que si l'on connoist qu'il soit incapable d'estre persuadé, il faut aussi cesser la dispute.

IV. DISCOURS.

Des faux raisonnemens & des autres causes de nos erreurs, & de ce qu'il faut observer pour ne s'y laisser pas surprendre.

C'Est icy la plus utile & la plus importante partie de la Logique, car les autres ne sont guere necessaires qu'à ceux qui font profession d'établir les sciences, & de trouver les verités cachées, pour les enseigner aux autres ; mais tous les hommes ont interest de ne se laisser pas surprendre par de faux raisonnemens, ou par de fausses apparences.

Les faux raisonnemens s'appellent des sophismes, quand on les fait à dessein de surprendre ceux à qui on parle ; & on les appelle des paralogismes, quand on les fait par erreur. On ne se servira icy que du nom de sophisme, & mesme on comprendra sous le nom de sophisme tout ce qui nous fait tomber en erreur, ou qu'on employe pour éluder la justesse de nos raisonnemens ; & en ce sens un clin d'œil, un mouvement de teste, &c. peuvent estre pris pour des sophismes, de mesme que les fausses apparences qui nous viennent des sens ou de l'imagination : Enfin tout ce qui peut estre dit, pensé ou fait, pour détruire une verité, ou pour établir une fausseté, sera icy appellé un sophisme.

On peut donc considerer de deux manieres de sophismes.

La premiere consiste dans les fausses apparences.

La seconde, dans les faux raisonnemens : On divisera pour cette raison, ce dernier discours en deux articles.

Dans le premier on tâchera de faire connoître les erreurs qui nous viennent des fausses apparences, & les moyens de les éviter.

Dans le deuxiéme on traittera des faux raisonnemens, & on donnera des regles pour les refuter, ou du moins pour ne s'y laisser pas surprendre.

ARTICLE PREMIER.

Des fausses Apparences.

LA plûpart des fausses apparences procedent ou des mauvaises dispositions de nos sens & de nostre imagination, ou de leur insuffisance naturelle à nous bien representer les choses : & parce que quelques Philosophes prennent occasion de ces fausses apparences, de rejetter toutes les sciences : Il est à propos d'établir icy quelques hypotheses, pour pouvoir expliquer à peu prés comme se font nos sensations

& nos pensées, afin de pouvoir découvrir les causes des erreurs où elles nous engagent, & les moyens de nous en defendre ; & mesme de faire servir ces fausses apparences, s'il se peut, à découvrir la verité.

I. Hypothese.

Lorsque les nerfs qui sont les principaux organes de nos sensations, ont receu quelques mouvemens par l'action d'un objet, ces mouvemens sont portez & communiquez aux parties du cerveau, d'où les nerfs tirent leur origine ; & à l'occasion de ces mouvemens, la sensation de cet objet se fait en nous. Ainsi la flamme d'une chandelle étendant ses rayons jusques au fond de nos yeux, où est la membrane appellée choroïde qui contient les nerfs de la veuë, ces rayons y excitent de certains mouvemens & impressions qui sont continuez jusques aux parties du cerveau où aboutissent ces nerfs ; & à l'occasion de ces mouvemens, il nous paroît une flamme hors de nous, c'est à dire que nous appercevons & voyons cette flamme de la chandelle hors de nous en un certain lieu à peu prés, en sorte que nous pouvons aller y porter la main. De mesme, s'il y a une petite cloche à une distance mediocre, sur laquelle quelqu'un frape avec un corps dur, les frissonnemens & tremblemens des parties de cette cloche excitent des petits frissonnemens à peu prés semblables dans les parties de l'air qui la touchent, qui en produisent d'autres successivement dans les autres parties de l'air plus éloignées de la cloche, jusques au dedans de nos oreilles où sont les nerfs de l'oüie, lesquels estant ébranlez par ces mouvemens, les communiquent aux parties du cerveau où ils aboutissent ; & à l'occasion de ces mouvemens, il nous paroît hors de nous ce que nous appellons le son d'une cloche ; de maniere que nous jugeons à peu prés où est cette cloche, & que nous pouvons y aller les yeux fermez, & porter la main dessus. Il arrive aussi que lorsque les nerfs de la veuë, ont receu des fortes agitations & impressions, elles les conservent un peu de temps ; ainsi lors qu'on ferme les yeux incontinent aprés qu'on a regardé le Soleil, il nous paroît encore durant quelque temps une espece de lumiere qui s'efface peu à peu ; on pourra expliquer de mesme à peu prés les autres sensations.

II. Hypothese.

Soit que les fibres des organes des divers sens ayent des structures differentes, ou que les mouvemens qui s'y excitent, soient dissemblables, ou par quelque autre cause, ils ne reçoivent pas les impressions des mesmes objets d'une mesme maniere. Le Soleil agissant sur les nerfs de la main, y cause le sentiment de la chaleur ; & dans les nerfs de la veuë, celuy de la lumiere : le sucre paroît blanc à la veuë, aspre au toucher, doux à la langue. Les nerfs de la veuë émeus par quelque cause que ce soit, comme lors qu'une humeur âcre tombe dessus, ou qu'un coup violent les offense, representent des couleurs & de la lumiere ; & ceux de l'oüie representent des sons, de quelque façon qu'ils soient émeus ; les nerfs du goût, ne representent que des saveurs, &c.

III. Hypothese.

Lorsque les parties du cerveau aufquelles les nerfs communiquent les mouvemens qu'ils reçoivent des objets, ayant esté émuës & agitées, nous avons apperceu cet objet ; il demeure dans ces parties du cerveau, une disposition à estre émuës par des mouvemens à peu prés semblables, par le moyen desquels mouvemens, lors qu'ils s'excitent par quelque cause que ce soit, cet objet quoy qu'absent nous est representé, & cette representation se fait en deux manieres : dans l'une, l'objet nous paroît de mesme que dans les sensations ; ce qui nous arrive dans les songes & dans les delires ; & cette apparence de sensation se fait en nous, lorsque les mesmes parties du cerveau qui ont esté émuës par les objets presens, se meuvent encore de la mesme maniere, quelque que puisse estre la cause qui excite ces mouvemens.

L'autre maniere de representation se fait par des mouvemens un peu dissemblables à ceux qui ont esté produits par les objets presens, soit dans les mesmes parties du cerveau, soit en d'autres parties : Comme lors qu'aprés avoir vû une rose, nous fermons les yeux, & que cette rose nous est representée, non pas precisément comme elle nous a paru, & avec autant de force & d'éclat ; mais d'une façon qui nous touche bien moins, & qui est d'ordinaire beaucoup moins exacte, tant à l'égard de la figure, que de la couleur, &c. en sorte que nous pouvons distinguer facilement la veuë de la rose d'avec cette representation, au lieu que ceux qui sont en delire ne remarquent point de difference entre l'apparence que leur produit un objet present, & celle qui est produite par la premiere maniere de representation. Il y a encore cette difference entre ces deux sortes de representation, que la premiere ne depend point de nostre volonté, & que nous ne pouvons l'exciter quand nous voulons, du moins cela arrive tres-rarement, & à tres-peu de personnes ; mais la seconde en depend en quelque façon, & nous pouvons presque toûjours, quand nous voulons, nous representer ce qui est tombé sous nos sens, par cette representation obscure, comme il a esté remarqué en la proposition 64 : D'où il ſuit que ces deux manieres de repreſentation different davantage que du plus & du moins.

La derniere maniere ſe fait encore en deux façons ; car quelquefois elle ſe fait avec les principales circonſtances des temps & des lieux, &c. auſquels les objets nous ont paru, & alors elle s'appelle ordinairement memoire ; mais quand on ſe repreſente des choſes ſans aucunes circonſtances, comme quand on ſe repreſente une roſe ſans deſigner aucune des roſes qui nous ont paru en de certains temps & lieux, cette maniere de repreſentation s'appelle imagination. Ainſi quand on recite pluſieurs Vers qu'on ſçait, ſelon la ſuite qu'on les a lûs, c'eſt un effet de la memoire ; & lorſque par la reſſemblance de ceux qu'on ſçait, on en fait de nouveaux, c'eſt un effet de l'imagination. Quand on s'applique à ces repreſentations de memoire ou d'imagination, cette application s'appelle penſée ; mais ſouvent on confond la ſignification de ces noms, & penſer à une choſe, en avoir l'idée ou la repreſentation, la concevoir, s'enſouvenir ou en avoir la memoire, l'imaginer ou l'avoir dans l'imagination, ſe prennent ſouvent à peu prés pour la meſme choſe.

Dans toutes ces ſortes de repreſentations, & meſme de ſenſations, il eſt vray-ſemblable que ce n'eſt pas aſſez que le cerveau ſoit modifié, ou l'eſprit meſme, par les actions des objets ſur les ſens, pour former les ſenſations ou les idées ; mais qu'il eſt neceſſaire que l'eſprit apperçoive cette modification, & qu'il s'y applique par quelque eſpece d'action.

IV. Hypothese.

Lorſque nous voulons nous ſouvenir ou penſer à quelque choſe, il ſe fait un effort dans le cerveau, par lequel quelques-unes de ſes parties ſont agitées de la maniere qu'il faut qu'elles le ſoient, pour nous faire avoir ou concevoir l'idée ou la repreſentation de cette choſe ; & ce que nous appellons raiſonnement, ſe fait quand nous nous appliquons à faire naître pluſieurs idées de ſuite de diverſes choſes pour les comparer enſemble, & en tirer des conſequences : & non ſeulement on peut imaginer & se representer volontairement un objet qu'on a vû, mais on en peut imaginer plusieurs semblables joints ensemble, quoy qu'on n'en ait vû qu'un seul. On peut aussi joindre les idées de plusieurs choses differentes, comme, si on a vû une tour & du cuivre, on peut avec dessein se representer une tour de cuivre, & en concevoir l'idée : & mesme on peut separer par la pensée, c'est à dire, imaginer separément une qualité commune à plusieurs choses. Ainsi on peut penser à la rougeur, aprés avoir vû cette couleur en plusieurs fleurs & fruits, &c. sans penser à aucune de ces choses ; on peut former l'idée de l'amertume, sans penser à aucune des choses ameres.

V. HYPOTHESE.

Les idées ou representations sont les principes de tous nos discours, & de tous nos raisonnemens ; mais elles n'en sont pas les objets : c'est à dire que quand nous parlons des choses que nous avons connuës par les sens, nous n'entendons pas parler des idées qui nous les representent (sinon lorsque ces idées sont le sujet de nostre discours;) de mesme que lorsque nous voyons un objet, ce n'est pas le mouvement du cerveau qui nous le fait voir, que nous voyons, ny l'image de cet objet qui est peinte au fond de nos yeux : mais ces mouvemens sont les principes de la vision; & c'est par leur moyen que les corps lumineux ou illuminez nous paroissent.

Ces Hypotheses ou suppositions estant receuës, ou quelques autres à peu prés semblables, il est aisé de juger que nos connoissances, ou du moins la plûpart de nos connoissances dependent des impressions que nous avons receuës des objets par les sens; & de la faculté que nous avons d'en concevoir les idées, c'est à dire, de nous les representer par la memoire ou par l'imagination : & que si nos sens sont peu fideles, & nos imaginatiõs peu justes, nous tomberons necessairement en plusieurs erreurs, si nous n'avons pas l'adresse de suppleer par le raisonnement à ces defauts.

L'Optique nous enseigne que lorsque nous tournons les yeux vers un point lumineux ou illuminé, il passe par la prunelle de chaque œil, c'est à dire par l'ouverture de l'uvée, plusieurs rayons venans de ce point, lesquels se reünissent au delà du crystallin & de l'humeur vitrée sur un point de la membrane concave où sont les nerfs de la vision; & que ce point lumineux est vû dans la ligne droite tirée de ce point de reünion par le centre de la cornée, laquelle ligne en chaque œil, est appellée l'axe de la veuë: de maniere que les deux yeux estant tournez directement vers ce point lumineux, ces lignes visuelles aboutissent au point lumineux; & par cette raison, on le voit au mesme endroit où il est.

De cette disposition naturelle des yeux, procedent plusieurs fausses apparences; car si on frotte le coin de l'œil la nuit, il nous paroît une petite lumiere vers le costé opposé; & s'il y a un miroir comme AB, qui reçoive les rayons DH, DE, du point lumineux D, & les reflechisse sur les deux yeux en G & C, selon les lignes droites HG & EC, les axes des yeux estant disposez selon ces lignes, ce point paroîtra dans Fig. 6.

leur concours au point F au delà du miroir, quoy qu'il soit en D ; & si ABLN est un corps transparent, & D un point illuminé, les rayons DH, DF se rompront, rencontrant la surface AB, & passeront dans l'air selon les lignes FC, HG ; & les deux yeux étant en C & G, verront le point D au point E, où est le concours des deux lignes droites CF, GH ; & on se pourra trõper en la situation de ce point, si on ignore les regles de la refraction. C'est de là que procede cette fausse apparence si souvent redite par les Philosophes, d'un baston droit qui paroît courbe estant en partie plongé dans l'eau ; car supposé que la ligne droite MKD soit le baston, il paroîtra selon la courbure MKE aux yeux en C & G, à cause que le point D paroît en E, & les autres points de la ligne DK en des points de la ligne EK.

Fig. 11

On fait aussi un faux jugement à l'égard des miroirs, quand on dit que c'est l'image des objets qu'on y voit : car on les voit aussi veritablement que par la veuë directe ; c'est à dire que les mesmes rayons qui feroient voir l'objet D aux yeux en L & M, si le miroir estoit osté, le font voir par reflexion au delà du miroir en F, aux yeux qui sont en C & G; & par consequent on ne devroit pas appeller image, ce qu'on voit par reflexion. Fig. 6.

Les yeux ne peuvent aussi discerner les figures des tres-petits objets vûs de prés, ou des grands vûs de tres-loin, comme il a esté remarqué dans la proposition 35; parce que l'endroit où se réünissent les rayons, n'occupe pas assés de place au fond de l'œil pour y faire sentir de la distinction; & on se pourroit tromper, si on entreprenoit de juger de la figure de ces objets. C'est par cette raison que l'étoile de Venus nous semble ronde en la regardant avec les yeux seuls, quand elle nous paroist en croissant par le moyen des lunettes d'approche qui en agrandissent l'apparence. On ne parle pas aussi dans l'exactitude, lors qu'on dit que le Soleil est lumineux; car cette apparence n'est que par rapport au sens de nostre veuë, selon le principe 30. Il en est de mesme, lors qu'on dit qu'on voit des objets, comme une rose, une maison, &c. car on ne voit proprement que la lumiere des corps lumineux refléchie sur ces objets ; mais cette lumiere recevant des differentes modifications en penetrant un peu les surfaces des objets differens, & se reflechissant ensuite vers nos yeux, nous y fait paroistre des couleurs differentes, qui nous determinent à peu prés leurs grandeurs & leurs figures, & nous les font distinguer les uns des autres ; & c'est une chose merveilleuse que de fort petites differences dans l'arrangement des particules qui composent les surfaces des fleurs & des feüilles d'une plante, nous les fassent voir sous des couleurs si differentes de blanc, de bleu, de rouge, &c. On peut pourtant avec quelque raison dire qu'on voit ces choses, puis qu'on discerne à peu prés leurs figures, & qu'il y a quelque chose en elles qui nous fait paroistre une couleur plûtost qu'une autre: quoy que veritablement rien ne soit visible que le Soleil & les autres corps lumineux ; & que nous ne puissions mesme distinguer les differens tissus des surfaces des objets, qui nous les font paroiſtre de differentes couleurs. Il eſt même croyable que les couleurs ne paroiſſent pas preciſément de même à tous les hommes ; car ſouvent l'un des yeux ne les voit pas de même que l'autre. Les differentes lumieres en changent auſſi les apparences ; le gris de lin vû auprés du feu eſt beaucoup different de ce qu'il paroiſt au Soleil ou à la Lune, & ce qui paroiſt jaune au Soleil, paroiſt vert à la lumiere du ſoulphre ou de l'eſprit de vin.

Lorſque les objets ſont fort éloignés, on ſe trompe dans leurs grandeurs & dans leurs diſtances ; mais ces erreurs ſe peuvent corriger aſſés facilement par la Geometrie & par l'Optique ; comme, encore que la Lune ne nous paroiſſe que d'un pied de diametre, on la jugera beaucoup plus grande, lors qu'elle ſe levera derriere quelque montagne qu'on ſçaura eſtre éloignée d'environ 50 lieuës ou cent mille toiſes ; car s'il y a une maiſon de cinquante pieds de longueur diſtante de mille toiſes, & que la Lune en ſe levant, paroiſſe occuper un eſpace auſſi large que cette maiſon ; ceux qui ſçauront qu'un petit objet en couvre un grand selon la proportion des distances, connoistront que puisque la Lune est alors éloignée de plus de cent fois davantage que cette grandeur de cinquante pieds, elle doit avoir par consequent son diametre cent fois plus grand que cinquante pieds, c'est à dire plus grand que cinq mille pieds; & par d'autres observations que la veuë nous peut fournir, on pourra assurer qu'elle est de plus de cinq cens lieuës de diametre.

On fera de mesme à l'égard du Soleil & des autres corps éloignés; & parce qu'on objecte que rien ne paroist sous sa veritable grandeur, & qu'on n'en peut faire aucun jugement certain, on en demeurera d'accord; mais on peut avoir une mesure réelle de cuivre ou d'argent qu'on appellera un pied ou une coudée, &c. à laquelle on rapportera toutes les grandeurs, & desquelles on jugera par rapport à celle-là, qui sera determinée.

L'oüye a beaucoup de rapport à la veuë; car elle se fait selon des lignes droites, & on juge à peu prés de l'éloigneloignement, & de l'endroit où se fait un son, quand il n'y a que de l'air entre deux.

Nous pouvons aussi tomber par ce sens, en quelques erreurs semblables à celles de la veuë.

La premiere est, que l'on croit communément que le son soit par exemple dans la cloche qu'on entend, & qu'elle est sonnante, au lieu que selon le principe vingt-neuviéme, elle n'a qu'un simple mouvement & frissonnement de sa matiere, laquelle agitant l'air contigu, & ensuite les nerfs de l'oüye, nous fait avoir l'apparence de ce que nous appellons son ou bruit, comme nous recevons l'action du corps lumineux sous l'apparence de lumiere.

Les sons se distinguent par aigu & grave, & l'aigu est produit tant par la vitesse du corps qui frappe l'air, que par sa petitesse. Ainsi une corde de Luth estant tenduë davantage, produit un son plus aigu, parce que ses battemens sont plus vistes; & un boulet de canon passant par l'air, fait un son plus grave que celuy que fait une balle de mousquet, qui va de mesme vitesse.

Lorsque les petites vagues ou frissonnemens de l'air qui portent le son, se refléchissent contre un mur, ou contre quelque autre corps dur, & vont ensuite fraper les oreilles ; le son nous paroît venir de l'endroit qui est directement au delà des points de reflexion ; & on juge le son au delà du mur par une raison semblable à celle par laquelle on juge qu'un objet qu'on voit par reflexion, est au delà du miroir ; & on a autant de tort d'appeller image de la voix, le son qui vient aux oreilles par reflexion, que de dire qu'on voit l'image du Soleil, quand on le voit par reflexion dans l'eau ou dans un miroir.

Quand nous recevons la voix par une fenestre ouverte éloignée de nous, ou par le tuyau d une cheminée, nous ne pouvons juger de quel costé vient la voix, parce qu'elle nous paroist toûjours dans la continuation des lignes droites, par lesquelles l'impression se fait.

L'odorat se fait par des emissions de certaines petites vapeurs & exhalaisons, qui sortant des corps, & entrant dans le nez, font leur impression sur une membrane delicate qui y est, où sont les nerfs de l'odorat, & par ce moyen nous sentons ces petites vapeurs ; & parce qu'elles sont invisibles, nous attribuons l'odeur au corps d'où elles sortent, quoy qu'il n'agisse aucunement sur nostre odorat : & c'est par cette raison qu'il est difficile de deviner par l'odeur où est le corps qui la produit, à cause que ces vapeurs ne vont pas en lignes droites, & qu'elles se meuvent de toutes parts, & selon les vents. Les chiens de Chasse montrent pourtant à peu prés où est le gibier qu'ils sentent.

On ne parle pas exactement, quand on dit que les choses ont une bonne odeur ; car ce n'est que par rapport aux organes de l'odorat, comme il est marqué en la proposition 30.

Le goust ne discerne proprement que la douceur, l'amertume, le salé, l'acre & le piquant, &c. Et ce qui fait le principal agrément des viandes, est l'odorat ; car quand on les mange, leurs vapeurs passent dans le nez par un petit conduit qui répond au palais ; & on se trompe, quand on attribuë au goust la bonté des fraises & des mousserons. Il ne faut pas croire que la saveur soit réellement dans les viandes; mais seulement qu'elles sont disposées à produire en nous les differentes saveurs que nous y trouvons conformément à la proposition 30.

Le sens de l'attouchement est disposé à nous faire sentir de la douleur dans les endroits de nostre corps, où nous avons quelque blessure; & nous ne faisons pas un faux jugement, quand nous croyons que le mal est où nous sentons la douleur, quoy que le principe de toutes les sensations soit dans le cerveau. Ce sens est aussi disposé à nous faire trouver froid tout ce qui a une chaleur moindre que la nostre, & chaud ce qui en a une plus grande; & c'est par cette raison que le froid nous paroist quelque chose de positif, quoy que l'on puisse croire que ce n'est qu'une privation ou une diminution de chaleur.

Lorsque nous plions deux doigts d'une mesme main en croix, & que nous mettons entre les deux extremités une petite boule, elle nous paroist double; parce que les nerfs qui sont dans les doigts, portent au cerveau les mesmes impressions, que lors qu'estant en leur situation ordinaire, ils touchent deux petites boules.

Enfin les erreurs des sens sont faciles à connoître; & on auroit tort de s'en mettre beaucoup en peine, puis qu'elles arrivent rarement, & qu'on les peut corriger facilement. On doit plûtost admirer, qu'encore que toutes nos sensations se fassent par des mouvemens de certaines parties du cerveau, la veuë & l'oüye nous puissent faire paroître les choses hors de nous à de tres-grandes distances, & à peu prés où elles sont. On peut mesme dire que les erreurs des sens nous sont avantageuses; car l'apparence du son dans les cordes d'un Luth, nous chatoüille l'oüye, & les fausses couleurs des fleurs, de l'Arc-en-ciel, &c. nous plaisent beaucoup plus que si nous n'appercevions par tout que l'image du Soleil par reflexion, ou qu'elle nous fist voir les differens tissus des surfaces des corps.

Quoy que nous soyons détrompez

des faux jugemens du vulgaire, touchant les sensations, il ne faut pas laisser d'en parler comme les autres ; & il ne faut pas s'obstiner à combattre les apparences naturelles que nous donnent les sens. Ainsi nous dirons que le feu est chaud, que le Soleil est lumineux, que le sucre est doux, que la neige est blanche, que les cloches sonnent, qu'un Luth produit une agreable harmonie, &c. Et il suffit de sçavoir une fois pour toutes de quelle façon, & par quelles manieres les choses nous paroissent comme elles nous paroissent. Enfin on jugera facilement que si les organes des sens sont mal disposez, ils ne representeront pas les choses à l'ordinaire. Ainsi quand les muscles des yeux seront trop foibles pour tourner leurs axes vers un mesme point, on le verra double ; si la langue est imbibée de quelques humeurs bilieuses, on trouvera le vin amer, &c. Ces fausses apparences de nos sens, estant connuës par ces raisons, & par quelques autres qu'on pourra découvrir avec un peu de soin, elles ne feront aucun prejudice à l'établissement des sciences ; elles pourront meſme y contribuer, pourveu qu'on en ſçache bien les cauſes par pluſieurs experiences exactes, & qu'on ſçache bien conduire ſon raiſonnement par les ſciences intellectuelles, & par les principes 29 & 30.

Ce qui vient d'eſtre dit à l'égard des ſens, nous peut faire connoître que l'imagination eſt inſuffiſante pour nous bien repreſenter les choſes ; qu'elle a beaucoup moins de clarté & d'exactitude que les ſenſations, & qu'elle nous engage dans les meſmes erreurs ; car de meſme que la veuë nous fait bien diſcerner le nombre de cinq ou ſix pierres miſes de ſuite, & que s'il y en a cinquante ou ſoixante, elle ne peut nous faire diſcerner ce nombre d'un autre un peu moindre, ou un peu plus grand ; ainſi l'imagination nous fait bien concevoir cinq ou ſix pierres enſemble poſées de ſuite, mais elle ne peut en faire concevoir diſtinctement cinquante ou ſoixante, ſinon par la memoire, quand on les a comptez : de meſme nous pouvons nous ſouvenir d'avoir mis cent jettons dans une bource, aprés les avoir comptez ; mais nôtre imagination ne peut nous faire concevoir distinctement cent jettons ensemble, non plus que nostre veuë ne pourroit nous faire discerner ce nombre de jettons, s'ils estoient épanchez sur une table. Nous ne pouvons aussi former l'idée d'une figure reguliere d'un grand nombre de costés, par exemple de cent; & quoy que par l'application de certaines regles de Geometrie dont nous nous souvenons, nous en puissions dire quelques proprietés par nos discours, comme, que tous les angles interieurs de cette figure sont égaux à cent quatre-vingts-seize angles droits, il ne s'ensuit pas que nous ayons une idée distincte de ces cent costés; car mesme nous ne pouvons concevoir distinctement cent quatre-vingts-seize angles droits. La mesme chose nous arrive, à l'égard de beaucoup d'autres objets; car nous n'en formons que des idées confuses. Celles que nous avons de nous-mesmes est du nombre: celuy qui parle de soy, confond & mêle ensemble les idées de son corps, de son esprit, de ce qu'il sçait, de ce qu'il peut, & de la plûpart des autres choses qui le concernent : c'est pourquoy nous nous trompons souvent en l'opinion de nous-mesmes. Les idées des choses infinies sont tres-obscures ; car nous les fondons sur les idées des choses finies, en concevant leurs extremités ; & quoy que nous en parlions sans erreur, ce que nous en concevons, n'a rien de positif : ceux mesmes qui nous écoutent, reçoivent souvent des idées differentes des choses dont nous parlons.

Nous connoissons si peu nostre esprit, c'est à dire, ce qui est en nous le principe actif de la pensée, que lorsque nous parlons de son étenduë & de ses facultés, nous ne pouvons nous accorder. On confond mesme les idées des choses avec les idées des paroles avec lesquelles nous les exprimons : En voicy un exemple. Plusieurs Logiciens tres-celebres disent qu'il y a quatre operations de l'esprit, concevoir, juger, raisonner & ordonner ; ils appellent concevoir la simple idée d'une chose, & juger lors qu'on affirme, ou qu'on nie quelque autre idée de cette premiere idée, &c. Or il semble que cét ordre ne se doit pas rapporter aux operations internes de l'esprit ; car lorsque nous avons vû une rose rouge, la plus simple conception & la plus naturelle, est lorsque sans effort elle se represente à nous à peu prés comme nous l'avons veuë, c'est à dire rouge, avec plusieurs feüilles d'une certaine grandeur & d'une certaine figure; & ainsi quand nous disons que cette rose rouge est rouge, qu'elle a plusieurs feüilles, &c. nous ne faisons qu'exprimer par nos paroles la premiere & la plus simple operation de nostre esprit : Mais si nous voulons attribuer quelque qualité ou quelque action à une rose au delà de ce qui est contenu sous cette premiere idée, comme, qu'elle est rafraichissante ; alors le jugement que nous en faisons est ordinairement precedé de plusieurs raisonnemens, & par consequent il ne peut pas estre la seconde operation de nostre esprit. Mais il est vray qu'un nom comme la rose consideré seul, est la premiere & la plus simple partie de nos discours; qu'en luy joignant quelque nom d'attribut, on fait une proposition qui est la seconde chose qu'on peut considerer dans l'expression de nos pensées ; que le raisonnement se fait ensuite par l'assemblage de plusieurs propositions, & qu'enfin on fait un discours ou un Livre entier, de plusieurs raisonnemens mis par ordre.

A l'égard des operations internes de l'esprit, voicy l'ordre qu'on y peut remarquer.

La premiere est le souvenir ou l'imagination d'une chose que nous avons apperceuë par les sens, de la mesme maniere qu'elle nous a paru.

La seconde est la composition, c'est à dire l'action de l'esprit, par laquelle il joint ensemble plusieurs idées de choses differentes, comme lorsque nous concevons un animal ayant une teste d'homme, un corps de Lion, & des ailes d'Aigle.

La troisiéme est l'abstraction ou separation, c'est à dire l'action par laquelle nous separons quelque qualité d'une idée totale, sans penser aux autres qualités, ny à la substance mesme qui a cette qualité, comme, quand nous pensons à la rougeur, sans penser aux roses, aux pavots & aux autres substances où nous avons remarqué de la rougeur; que nous pensons à l'étenduë, sans penser à la matiere; que nous pensons aux nombres, sans penser aux choses nombrées.

La quatriéme operation de l'esprit est le raisonnement, c'est à dire l'action interne par laquelle nous examinons les rapports des choses entr'elles, ou leurs differences, &c. pour en tirer quelques consequences; comme lors qu'aprés avoir consideré abstractivement la rondeur, & remarqué plusieurs de ses proprietés, nous examinons ensuite si ces proprietés conviennent à la terre ou non.

Le jugement, comme, *la terre est ronde*, est la conclusion d'un raisonnement, & on le peut considerer comme sa principale partie, ou le prendre, si l'on veut, pour une cinquiéme operation de l'esprit.

L'action interne par laquelle nous meditons l'ordre & la disposition de plusieurs raisonnemens pour faire un long discours ou un Livre, doit estre rapportée à la quatriéme operation; car elle n'en eſt differente que cõme du plus au moins, puis qu'il nous faut auſſi mediter l'ordre & la diſpoſition des propoſitions qui doivent ſervir à une preuve.

La queſtion celebre, ſi toutes nos idées viennent de nos ſens, eſt difficile à reſoudre; quelques-uns ſoûtiennent que nous avons une idée claire & diſtincte de la penſée, & que cette idée ne procede pas des ſens : mais cette propoſition eſt équivoque; car elle confond l'exiſtence de la penſée avec ſon eſſence: l'idée que nous avons de l'exiſtence de la penſée eſt certaine & diſtincte; mais celle que nous avons de ſa nature & de ſon eſſence, eſt tres-obſcure & incertaine. Pour bien examiner cette queſtion, il faut conſiderer qu'outre les impreſſions que les ſens font dans noſtre cerveau, il s'en fait par le chagrin, par la colere, par l'inquietude, par la joye, &c. qui accompagnent d'ordinaire nos penſées, & qui font une eſpece de ſentiment de douleur ou de plaiſir, dont nous confondons les idées avec le ſouvenir des choſes que nos penſées nous ont repreſentées; d'où vient que quand nous parlons de nos pensées, nous les considerons à peu prés comme des actions que nous avons faites, & nous nous souvenons fort bien que nous avons eu des pensées, mais nous ne sçavons aucunement comme elles se forment, si c'est par des traces que les impressions des objets laissent dans le cerveau, ou par des mouvemens de quelques-unes de ses parties; quelles sont ces parties, & leurs manieres de se mouvoir; si les pensées sont des modifications de l'ame, ou seulement son application aux modifications du cerveau; d'où il suit que nous n'avons point d'idée claire de la nature & de l'essence de la pensée, mais seulement de son existence, à cause du sentiment interieur par lequel nous connoissons que nous pensons, comme nous connoissons que nous parlons, ou que nous écrivons. C'est ce sentiment interieur qui nous fait reconnoistre les choses que nous avons déja veuës, comme il a esté remarqué en la proposition 65; ainsi quand nous rencontrons dans un Livre, un endroit que nous avons déja lû, il se fait des petits mouvemens de passions, qui nous font naître l'idée des passions semblables que nous avons euës pendant la premiere lecture ; ce qui nous fait connoître que nous avons déja lû cet endroit.

Quoy que l'imagination soit nommée à cause des images, & des figures des choses apperceuës par les yeux qu'elle nous represente ; elle ne laisse pas de nous representer les autres sensations, mais sous des idées qui ne sont nullement des images, comme les idées des odeurs, des douleurs, &c. Le toucher peut toutefois faire concevoir une figure ; mais la plûpart de ces idées, particulierement celles qui procedent de l'imagination active, sont souvent bien difficiles à expliquer par nos discours, & nous disons aussi tres-souvent des choses que nous ne concevons pas. Il est bon de remarquer qu'il y a des fausses apparences de l'imagination, qu'il ne faut pas tâcher de détruire ; en voicy un exemple. Lors qu'on ouvre la bouche, il est certain que ce n'est que la partie inferieure qui se baisse ; mais parce que cette idée pourroit choquer nostre imagination, nous sommes naturellement disposez à croire que nous ouvrons également la bouche vers le haut & vers le bas : c'est encore par la mesme raison que s'il est vray que la terre se meuve, l'apparence de son mouvement rapide nous est cachée, parce qu'elle nous feroit frayeur.

Il paroist par les discours precedens que les fausses apparences de nos sens & de nostre imagination ne sont pas beaucoup considerables, & que nous pouvons les corriger par les sens mêmes, & par l'imagination. Ainsi nous pouvons juger par les yeux, qu'il fait plus froid dans les caves en Hyver qu'en Esté, en y portant un Thermometre, & remarquant que sa liqueur s'éleve plus haut au mois d'Aoust, qu'au mois de Janvier, & nous serons asseurez de cette verité, malgré l'insuffisance du toucher, pour discerner les limites du chaud & du froid.

Si nous sçavons les regles de la Dioptrique, dont les principes s'établissent par des observations faites avec les yeux, nous pourrons nous détromper d'une erreur qui nous peut mettre en danger en paſſant une riviere , ſçavoir que quelques endroits plus profonds que celuy où nous ſommes , nous paroiſſent moins profonds par la refraction.

Enfin il faut ſeulement nous empeſcher de juger avec precipitation, & ne nous laiſſer pas ſeduire aux premieres apparences, comme ont fait autrefois quelques Philoſophes, qui pour expliquer les differentes figures de la Lune, ſuppoſoient qu'elle n'avoit qu'une moitié lumineuſe, & qu'elle la faiſoit voir ſucceſſivement ; & ils ſoûtenoient cette hypotheſe, parce qu'elle leur paroiſſoit poſſible, faute d'en examiner toutes les circonſtances qui les euſſent détrompez. Il faut donc voir & revoir les choſes, y penſer & repenſer à loiſir ; car c'eſt par le defaut d'étenduë de noſtre imagination, que nous ne voyons pas en meſme temps toutes les circonſtances d'une hypotheſe, & nous devons nous en défier par cette raiſon, comme de la principale cauſe de nos erreurs ; mais nous ne pouvons nous en defendre qu'en examinant à loiſir. s'il n'y a point d'apparence qui repugne à ce que nous supposons, & s'il n'y a point d'autre systeme plus juste. Par ces moyens nous pourrons nous délivrer suffisamment des faux jugemens, & des erreurs des sens & de l'imagination.

ARTICLE II.

Des faux Raisonnemens.

Les Sophismes qui procedent des faux raisonnemens, sont de deux sortes.

La premiere est, lors qu'une des propositions sur lesquelles on fonde la conclusion, ou toutes les deux sont fausses ou douteuses ; la seconde, quand il n'y a point de connexité entr'elles, & la conclusion.

Le Sophisme qui se fait, quand les premieres propositions sont fausses ou douteuses, s'appelle petition de principe ou supposition de principe ; & on tombe en ce defaut, lors qu'on prend une proposition qui n'est point principe ny prouvée, pour un principe ou pour une proposition prouvée ; comme si on prenoit pour principe cette proposition. *Les contraires se guerissent par les contraires*, on en tireroit une fausse consequence, si on vouloit entreprendre de guerir une brûlure en y appliquant de la glace ; car elle serviroit seulement à rendre froide la partie brûlée, mais elle ne la gueriroit pas. C'est le mesme defaut, lors qu'on veut prouver une proposition par une autre plus obscure ou également obscure, ou qu'on la veut prouver par elle-mẽme en la déguisant, & changeant ses termes ; ce qui est contre les principes 7 & 8. Ainsi la sixiéme proposition des Mechaniques d'Archimede est mal prouvée, parce qu'elle est prouvée par une autre proposition plus obscure : On peut croire que cette proposition plus obscure avoit esté prouvée ailleurs par Archimede, ou par d'autres Autheurs, & les Geometres modernes doivent songer à rétablir cette preuve.

C'est le même Sophisme, lors qu'on prend pour principe une question de fait qui est fausse ; ainsi quelques Philosophes ont pris pour principe, que l'air estoit chaud de soy-mesme, ce qui est manifestement contre l'experience ; car il se refroidit peu à peu quand les causes qui l'échaufent, sont éloignées ; & on ne peut souffrir sa froideur dans les lieux fort élevez, où la reflexion des rayons du Soleil a peu de force : desquelles experiences on peut conclure par le principe 34, que la chaleur ne luy est pas naturelle.

Il faut donc examiner avec beaucoup d'exactitude ces questions de fait; car naturellement nous croyons ce qui nous est dit, selon la proposition 68. & il arrive souvent que si plusieurs hommes nous disent avec passion une chose, nous la prenons pour principe de fait : Par cette même raison, les Livres imprimez nous persuadent, & pour ne vouloir pas prendre la peine d'examiner la verité d'une proposition, ou pour n'en estre pas capables, si un hõme d'authorité la propose, nous la recevõs d'ordinaire pour veritable;ainsi l'opinion des quatre Elemens, sçavoir le feu, l'air, l'eau & la terre, a esté receuë pour vraye depuis 2000 ans, par la plûpart des hommes, quoy qu'elle soit contraire à la verité, & aux experiences exactes, comme il est facile de le faire voir. Ce Sophisme est contre les principes 51 & 52.

On doit icy remarquer qu'il y a bien de la difference entre un bon argument, & une bonne preuve; car on peut faire des argumens dont les propositions auront de la connexité; mais leurs premieres propositions n'estant pas des principes, & estant autant ou plus difficiles à croire que la question, le raisonnement sera inutile; comme si pour prouver que le marbre est insensible, on disoit

Toutes les pierres sont insensibles,
Le marbre est une pierre;
Donc le marbre est insensible.

Car encore que la derniere proposition soit comprise sous les deux premieres, l'argumét est inutile, & ne prouve rien par le principe 8, puis qu'il est moins connu que toutes les pierres soient insensibles que le seul marbre. Ce defaut est en quelque façon compris sous la supposition de principe, puisque dire que toutes les pierres sont insensibles, comprend la proposition, *le marbre est insensible*, qui est la question. La plûpart des exemples d'argumens qu'on donne dans les Escoles pour les modes

des argumens, sont de cette nature ; & il faut prendre garde que par le principe 38, les choses sensibles particulieres établissent les generales, & non au contraire. On peut aussi rapporter à la supposition de principe un defaut de raisõnement qui se fait quand on établit une proposition par une autre, & qu'ensuite on veut prouver cette derniere par la premiere ; c'est ce que les Grecs appelloient diallele, c'est à dire preuve mutuelle de deux propositions l'une par l'autre : on appelle ordinairement ce defaut, cercle de Logique, & il a esté remarqué dans le principe 8.

Quelquefois on prend pour principe une proposition de fait qui est vraye en quelque façon, mais qui est fausse par le plus ou par le moins ; comme, quand on dit que le papier, est poly, & qu'il devroit servir de miroir ; il est bien vray qu'il est poly, si on le compare à quelque chose de raboteux, mais il ne l'est pas comme le verre.

Les Sophismes, par le defaut de connexité, se font en plusieurs manieres ; la plûpart procedent de l'ambiguité des mots & des façons de parler, ou des differens états des choſes, & des differens rapports qu'elles ont les unes envers les autres.

Il ne ſera pas inutile d'expliquer icy les plus conſiderables, & de les mettre par ordre avec des exemples, afin d'en faciliter la memoire.

La premiere eſt quand un nom qui a des ſignifications entierement differentes, eſt pris en l'une de ſes ſignifications dans la premiere propoſition de l'argument, & en une autre dans la ſeconde : comme ſi on diſoit à un homme qui eſt en peine de quelque choſe.

Vous avez du ſoucy,
Le ſoucy eſt une fleur;
Donc vous avez une fleur.

Ce Sophiſme eſt contre la troiſiéme demande.

La ſeconde eſt, quand on veut inferer qu'une meſme choſe qui a ſucceſſivement divers noms de ſubſtance, ſoit toûjours la meſme ſubſtance, ou qu'elle conſerve le meſme nom de qualité, lors qu'elle l'a perduë, & qu'elle en a receu d'autres, comme

Vous avez mangé ce que vous avez acheté,

Vous avez acheté de la chair cruë ;
Donc vous avez mangé de la chair cruë.

Ce qui est contre le principe 22.

La troisiéme, quand on veut inferer que les choses semblables en quelque chose, le sont en tout, comme

Le sucre est blanc,
Ce que je vois est blanc ;
Donc c'est du sucre.

Cette maniere de Sophisme nous fait tomber souvent en erreur, & nous fait prendre une chose pour une autre, lors qu'on voit qu'elles ont deux ou trois signes semblables ; ce qui est contre le principe 37.

La quatriéme, lors qu'on veut inferer que ce qui est en quelque façon, & pour de certains égards quelque chose, & en a quelques qualités, est cette chose, & a cette qualité absolument, & de soy-mesme ; comme le musc est de bonne odeur à quelques-uns, donc il est absolument de bonne odeur ; ce qui est contre le principe 25.

La cinquiéme, lors qu'une chose ayant des qualités capables de faire des effets contraires, on luy en attribuë un absolument, comme, Ce

Ce qui est chaud desseiche,
Cette eau est chaude,
Donc cette eau desseichera.

A quoy il faut répondre qu'elle desseichera par sa chaleur, & que'lle moüillera par son humidité, selon le principe 27 ; & si on la met dans un vaisseau, & qu'on applique sur ce vaisseau une chose moüillée, elle pourra la seicher.

La sixiéme, lors qu'on prend une des premieres propositions de l'argument pour veritable, qui ne l'est pas en un certain sens, comme,

Vous avez ce que vous n'avez pas perdu,
Vous n'avez pas perdu des ailes,
Donc vous avez des ailes.

Pour rendre veritable la premiere proposition, il faudroit dire, ce que vous aviez, & que vous n'avez pas perdu, vous l'avez encore.

La septiéme est, lors qu'on se sert de certains mots dont la signification est indeterminée, ou faussement prise ; comme lorsque les Medecins appellent purgations, les breuvages qu'ils donnent ; que les sectateurs d'Aristote appellent causes occultes, celles qu'ils ignorent ; & que les Carteſiens expliquent beaucoup d'effets, par ce qu'ils appellent matiere ſubtile : car ſi par exemple on fait demeurer d'accord ces derniers, que leur matiere ſubtile n'eſt autre choſe qu'une pouſſiere tres-menuë, on concevra clairement que cette pouſſiere aura des figures differentes, & la plûpart irregulieres, & que par cette raiſon elles laiſſeront du vuide entr'elles contre leur hypotheſe ordinaire ; mais parce que le nom de ſubtil eſt d'une ſignification douteuſe, on ne voit pas bien les defauts de cette hypotheſe. Les conſequences qu'on tire du cours rapide de cette matiere ſubtile ou pouſſiere tres-menuë, des Eſprits ignées, des Eſprits frigorifiques & d'autres choſes qu'on peut croire eſtre inventées à plaiſir, ſont de cette nature.

Les Sophiſmes qui ſe fondent ſur la diviſion infinie de l'eſpace, procedent auſſi de ce qu'on ne peut comprendre l'infiny, & qu'il n'eſt pas d'une ſignification determinée, ce qui fait qu'on a peine à donner la ſolution de ces Sophiſmes ; mais il ſuffit de faire une preuve contraire facile à comprendre, comme, ſi on vouloit prouver qu'un homme qui courroit deux fois plus vîte qu'un autre, ne pourroit jamais l'atteindre, ſi ce dernier avoit une lieuë d'avance; parce que pendant que le plus viſte feroit cette lieuë, l'autre feroit une demie lieuë au delà; & que quand le plus viſte auroit fait cette demie lieuë, l'autre auroit fait un quart de lieuë au delà, & ainſi à l'infiny; il faut répondre que ſi le plus viſte fait une lieuë en une heure, & l'autre une demie lieuë dans le meſme temps, le premier aura fait trois lieuës en trois heures, & l'autre une lieuë & demie, & que par conſequent le plus viſte l'aura paſſé d'une demie lieuë; ce dernier raiſonnement eſt c'air, & l'autre eſt obſcur.

Et ſi pour prouver qu'il n'y a point de mouvement dans la nature, on dit, *Ce qui eſt meu ſe meut dans le lieu où il eſt, ou dans celuy où il n'eſt pas encore, l'un & l'autre eſt impoſſible; donc il ne ſe fait point de mouvement*: il faut répondre qu'il eſt difficile ou impoſſible de comprendre par le détail comme un corps paſſe d'un lieu à un autre, à cauſe que les eſpaces ſont diviſibles à l'infiny,

& qu'on ne peut comprendre l'infiny ; mais que c'est une chose tres-claire, & qu'aucun raisonnement ne peut détruire, que les corps changent de place.

La huitiéme est, de soûtenir qu'une proposition est vraye, si personne ne peut prouver le contraire ; car c'est à celuy qui fait la proposition de la prouver ; & à ceux à qui elle est faite, de voir si la preuve est bonne.

La neuviéme, lorsque pour persuader à quelqu'un de faire quelque action, on luy en cache les defauts & les incommodités, & on en agrandit les avantages ; ou bien l'on en suppose de faux, contre lequel Sophisme il faudra mettre en usage le principe 96, en examinant bien toutes les suites & les circonstances de la chose qu'on nous veut persuader.

Il y a encore un Sophisme fort commun à diverses sectes pour s'établir, qui est de faire voir que leurs adversaires se sont trompez. Ainsi les Peripateticiens ont crû bien établir leur secte en montrant les erreurs de Platon, de Parmenides, &c. & les Cartesiens la leur, en faisant connoître les erreurs d'Aristote; car il se peut faire que toutes ces sectes soient également pleines d'erreurs. C'est un semblable Sophisme, quand pour se delivrer du soupçon d'un crime, on accuse quelque autre de ce mesme crime.

C'est aussi une espece de Sophisme assés ordinaire pour détruire une proposition veritable, de la tourner en raillerie; pour repousser ce Sophisme, il faut obliger ceux qui s'en servent à prouver que la proposition est ridicule, & leur soûtenir qu'il ne suffit pas de rire d'une proposition pour prouver qu'elle est fausse. On fera de mesme à l'égard des autres actions qu'on fait pour choquer nos raisonnemens, ou pour nous persuader quelque fausseté, comme sont les pleurs, les sermens, la colere, la fuite, &c.

Il suffit quelquefois pour faire voir le defaut d'un raisonnement, d'en faire un semblable sur un autre sujet, dont la conclusion soit évidemment fausse; comme si pour prouver que la Geometrie est inutile, quelqu'un disoit qu'elle ne fait pas vivre plus long-temps; on luy pourroit dire que le pain par une semblable raison seroit inutile, parce qu'il n'empesche pas d'avoir froid.

Que si l'on veut repousser serieusement ce reproche d'inutilité qu'on fait souvent à ceux qui proposent quelques effets curieux de la nature, ou quelque chose nouvelle dans les mathematiques; on pourra donner pour exemple l'éguille aymantée, dont la direction vers le Pole pouvoit passer au commencement pour un jeu d'enfant & pour une chose fort inutile, & cependant elle est à present d'un usage presque necessaire pour les longues navigations.

Il faut prendre garde de ne s'étonner point d'une objection qu'on nous fait, qui n'est pas du sujet dont on parle, & ne nous prejudicie en rien; & de ne se mettre point en peine de la refuter.

La plûpart des Logiciens mettent au rang des Sophismes, de donner une cause pour une autre: Ce n'est pas un Sophisme, mais une erreur, de prendre une cause pour une autre, & le Sophisme consiste en l'apparence des possibilités d'une fausse hypothese, ou en un faux raisonnement comme celuy-cy. *Si la Lune estoit la moitié lumineuse, &*

qu'elle fist une revolution autour de son axe en un mois, elle nous paroîtroit comme elle fait; donc cette hypothese est vraye, & c'est la veritable cause de ses diverses apparences.

Il se trouve quelquefois des Sophismes tres-difficiles à resoudre ; en voicy un exemple.

Trois hommes estant ensemble, deux d'entr'eux disent chacun un mensonge ; & le troisiéme n'ayant point encore parlé, fait cette proposition, *Chacun de nous trois a dit un mensonge* ; si on dit que cette proposition est veritable, on objectera que puisque le dernier aura dit vray, tous les trois n'auront pas menty ; si on la dit fausse, on pourra soûtenir le contraire ; car il s'ensuivra que tous les trois auront menty, & par consequent que la proposition sera vraye. La plûpart des difficultés de cette nature procedent de ce que les propositions peuvent estre considerées selon elles-mesmes, ou selon leurs objets ; ce qu'il faut sçavoir distinguer pour en pouvoir donner la solution, car une proposition ne se doit pas regarder elle-même, mais un autre objet.

Il y a encore d'autres manieres de Sophismes ; & les personnes qui ont quelque chose à démêler ensemble, en peuvent inventer plusieurs ausquels les Logiciens n'ont point donné de nom ; il n'y aura pas beaucoup de difficulté à les connoître, puis qu'on pourra les reduire tous, ou aux fausses apparences, ou à la supposition de principe, ou au defaut de connexité.

Enfin, si on sçait bien se servir des principes contenus en la premiere partie, particulierement des 2, 3, & 4, & de la troisiéme demande ; on pourra se defendre suffisamment de toutes les fausses preuves, & en refuter la plûpart avec assés de facilité.

FIN.

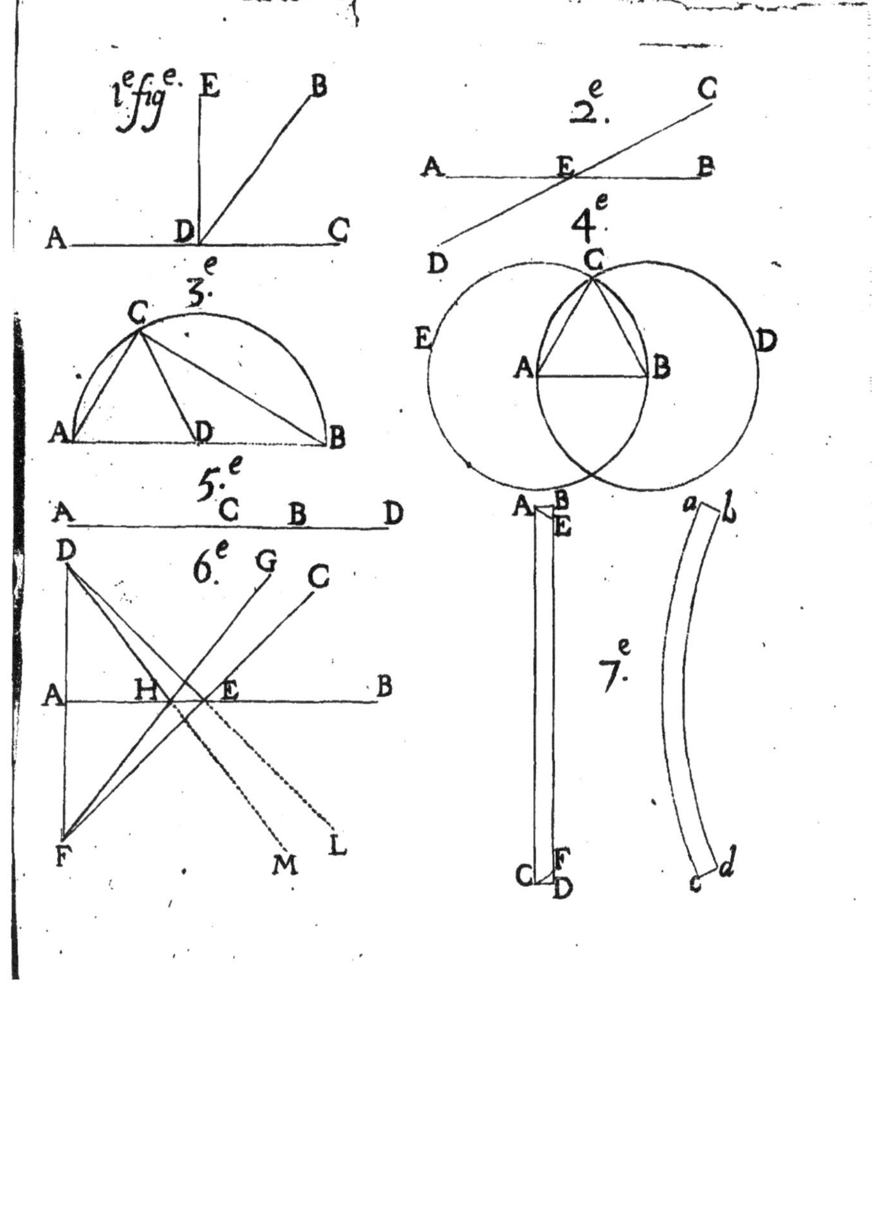
1e fige.
2e.
3e.
4e.
5.e
6.e
7.e

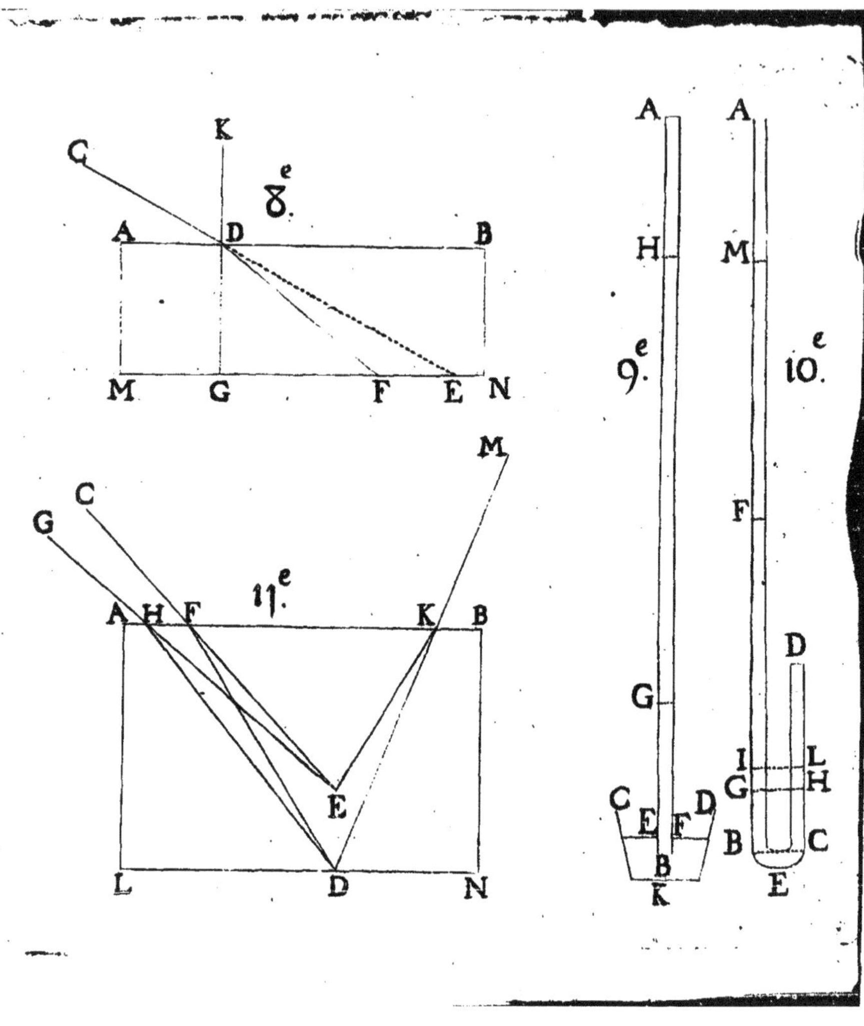

8.e
9.e
10.e
11.e

EXTRAIT DU PRIVILEGE du Roy.

PAr grace & privilege du Roy en date du 16. Juillet 1677. Signé DALENCE'; Il est permis à ESTIENNE MICHALLET, Marchand Libraire à Paris, de faire imprimer, vendre & debiter un Livre intitulé, *Essay de Logique, contenant les premiers principes des sciences, avec la maniere de s'en servir pour faire de bons raisonnemens*, pendant le temps de sept années, avec defenses à tous Imprimeurs & Libraires d'en imprimer, vendre ou debiter pendant ledit temps sans le consentement dudit Exposant, à peine de confiscation des Exemplaires contrefaits, de tous dépens, dommages & interests, & de trois mil livres d'amende, ainsi qu'il est plus au long contenu dans ledit Privilege.

Registré sur le Livre de la Communauté des Imprimeurs & Marchands Libraires de cette Ville de Paris, le 21. Juillet 1677.

Signé COUTEROT, Syndic.

www.ingramcontent.com/pod-product-compliance
Ingram Content Group UK Ltd.
Pitfield, Milton Keynes, MK11 3LW, UK
UKHW012205240726
13966UKWH00002B/581

9 782012 661479